租税条約入門

―条文の読み方から適用まで―

弁護士
木村浩之 著
Hiroyuki Kimura

Introduction to Tax Treaties

中央経済社

は し が き

　本書は，租税条約を体系的に捉え，その条文の読み方，一般的な解釈及び具体的な適用関係を明らかにすることを目的として，現実に多くの租税条約のベースとされているOECDモデル租税条約を素材として，租税条約について総説的な考え方を示した上で，条文の解釈及び適用にあたって問題となる点を個別的・具体的に検討しようとするものである。租税条約は，国際的な経済活動を円滑に遂行する上で，必要かつ有効なツールとなるものであるが，その活用にあたっては，租税条約がどのように解釈され，適用されるかを理解することが肝要である。その理解を促進することで，租税条約の活用を促進するというのが本書のねらいである。

　あわせて，本書には，わが国における租税条約に関する議論をより深めることに貢献したいという筆者の想いも込められている。従来，租税条約の条文解釈を深いレベルで体系的に論じた日本の文献は乏しかったように思う。余談ではあるが，筆者が国税庁に勤めていた頃，税務大学校で租税条約の講師を務めたことがあった。この際に，租税条約の条文解釈についての文献を探すのに苦労したことが思い出される。筆者としては，本書が企業で税務に携わる方，国税職員，税理士・公認会計士・弁護士等の実務家のみならず，研究者・学生等に広く読まれることで，わが国での租税条約の議論がより活発となることを期待する次第である。

　さて，本書は租税条約の「入門」書であるが，これは必ずしもその内容が入門レベルであることを意味するものではない。論点によっては，かなりレベルの高い先端的な議論を取り扱っているものがある。他方で，議論の詳細に立ち入るのではなく，脚注で参考文献を示すにとどまっているものもある。また，なるべく多くの論点をカバーすることに重きを置いたことから，個々の議論が不十分な点もあると思われる。これらはひとえに筆

者の力不足によるところであるが，本書は個別の論点について議論を深めていく上での「踏み台」となることを想定したものであり，読者諸氏におかれては，寛容な心で本書を批判的に検討していただき，議論を深めていただければ本望である。

　本書の出版にあたっては，株式会社中央経済社の奥田真史氏に大変お世話になった。ここで厚くお礼申し上げることにしたい。また，私事にわたって恐縮であるが，留学から本書の脱稿に至るまで，筆者が心置きなく仕事ができたのは，手のかかる幼子らの育児に専念し，家庭を守っていただいた妻景子のおかげであり，ここで感謝の気持ちを記すことをお許し願いたい。

　2017年11月

木村　浩之

CONTENTS

租税条約入門──条文の読み方から適用まで

はしがき　*i*

本書の内容と構成　*1*

第1章　租税条約の基礎　*7*

1. 租税条約の意義／*8*
2. 租税条約の機能／*13*
3. 租税条約の適用／*16*

第2章　総則規定（1条～4条）　*21*

1. 人的範囲（1条）／*22*
2. 対象税目（2条）／*24*
3. 一般的定義（3条）／*25*
4. 居住者（4条）／*35*

第3章　事業所得（7条，5条，8条）　*43*

1. はじめに／*44*
2. 事業所得（7条）／*46*
3. 恒久的施設（5条）／*60*
4. 国際運輸（8条）／*82*

CONTENTS

| 第4章 | 投資所得（10条～12条） | 85 |

① はじめに／86
② 配当（10条）／88
③ 利子（11条）／106
④ 使用料（12条）／119

| 第5章 | その他の所得（6条，13条，21条） | 127 |

① はじめに／128
② 不動産所得（6条）／129
③ 譲渡収益（13条）／132
④ その他所得（21条）／137

| 第6章 | 労務所得（15条～20条） | 139 |

① はじめに／140
② 給与所得（15条）／141
③ 役員報酬（16条）／150
④ 芸能人等（17条）／152
⑤ 退職年金（18条）／155
⑥ 政府職員（19条）／158
⑦ 学生等（20条）／161

| 第7章 | 二重課税の排除（23条） | 165 |

① 二重課税排除の構造／166
② 各国で適用条文が異なる場合／169

CONTENTS III

第8章　無差別取扱い（24条）　175

1　はじめに／176
2　無差別条項／177

第9章　租税条約の適用をめぐる諸問題　187

1　はじめに／188
2　特典を受ける権利（29条）／190
3　セービング条項（1条3項）／195
4　パススルー事業体（1条2項）／197

第10章　租税条約の活用　207

1　はじめに／208
2　租税条約の活用にあたっての留意点／210

凡　例
●OECDモデル租税条約（2017年版）→ モデル条約
●OECDモデル租税条約コメンタリー（2017年版）1条パラグラフ2
　→ C1-2
●Ekkehart Reimer and Alexander Rust, Klaus Vogel on Double Taxation
　Conventions Vol. I-II (4th edition, Kluwer Law International, 2015), Art.
　1 marginal number 2 → Vogel Art. 1　2

※なお，本書で用いる条文番号はモデル条約の条文番号を指す。

本書の内容と構成

　現在，世界中で締結されている租税条約（所得に対する租税に関する二重課税の回避及び脱税の防止のための条約）は合計で3000を超えるといわれる。もっとも，それらはOECDモデル租税条約（OECD Model Tax Convention on Income and on Capital）やそれを改変した国連モデル租税条約といった定型モデルをベースに締結されていることが一般であり，基本的な条文の構造や用いられている概念は共通の部分も多い。そこで，本書は，このように現実に多くの租税条約のベースとされるOECDモデル租税条約（本書では「モデル条約」という）の最新版である2017年版を素材として，その一般的な解釈を明らかにすることを主たる内容とする。

　モデル条約は，その性質上，各国の異なる立場が集約されたものであり，もとより体系的な理解が困難な部分があることは否めない。それでも本書では，なるべく公式の注釈であるOECDモデル租税条約コメンタリー（本書では「コメンタリー」という）で示されている考え方を踏まえた上で，モデル条約の解釈にあたって一般に妥当すると考えられる解釈を示すことに努めた。このようなモデル条約の理解が3000を超える実際の租税条約の理解に資することになることはいうまでもない。

　モデル条約は，表題，前文のほか，次の7章で構成される[1]。

第1章　適用範囲

　第1条　人的範囲

1　Vogel Intro 61参照。

2　本書の内容と構成

　　第2条　物的範囲

第2章　定義

　　第3条　一般的定義

　　第4条　居住者

　　第5条　恒久的施設

第3章　所得課税

　　第6条　不動産所得

　　第7条　事業所得

　　第8条　国際運輸

　　第9条　関連企業

　　第10条　配当

　　第11条　利子

　　第12条　使用料

　　第13条　譲渡収益

　　（第14条　削除）

　　第15条　給与所得

　　第16条　役員報酬

　　第17条　芸能人等

　　第18条　退職年金

　　第19条　政府職員

　　第20条　学生等

　　第21条　その他所得

第4章　資産課税

　　第22条　資産

第5章　二重課税の排除

　　第23条A　免除方式

　　第23条B　税額控除方式

第6章　特別規定

第24条　無差別取扱い

第25条　相互協議

第26条　情報交換

第27条　徴収共助

第28条　外交官

第29条　特典を受ける権利

第30条　適用領域の拡張

第7章　最終規定

第31条　発効

第32条　終了

本書は，基本的にモデル条約の条文に沿って構成するが，関連性の高い条文は1つの章にまとめて取り上げる。

第1章では，総説として，租税条約の適用にあたっての基本的な考え方を述べる。その上で，第2章では，総則的な規定である1条ないし4条をまとめて取り上げる。

第3章ないし第6章では，所得に対する課税権の分配ルールについて定めた規定である6条ないし21条を所得の性質に応じて複数の章に分けて取り上げる。なお，9条（関連企業）は移転価格についての規定であるが，対応的調整の場面を除いて各国の課税権を制限するものではなく，課税権の分配とは異なるルールを定めたものであり，本書では取り上げない。また，22条（資産）は資産課税を取り扱ったものであり，これも本書では取り上げない。

第7章では，課税権の分配ルールを補完する規定である23条（二重課税の排除）を取り上げ，第8章では，課税権の分配ルールにも影響する特別規定である無差別取扱い（24条）を取り上げる。

第9章では，その他の特別規定のうち，租税条約の適用にあたって重要となる規定である29条（特典を受ける権利）を租税条約の適用に関するその他の規定とあわせて取り上げる。なお，その他の特別規定である25条ないし28条，30条，最終規定である31条，32条は主に手続的な問題を取り扱うもの，あるいは適用される場面が限定的なものであり，本書では取り上げない。

第10章では，結びに代えて，租税条約の活用にあたっての留意点を述べる。

また，本書では，モデル条約のなかでも重要となる条文（英語版）を抜粋して引用した上で，これに日本語仮訳を付した。さらに，日本語仮訳に下線や注書きなどを加えることで，重要な部分を強調し，あるいは内容を要約することに努めた。和訳にあたっては，基本的には，日本が実際に締結した租税条約の日本語版のほか，川田剛・徳永匡子「OECDモデル租税条約コメンタリー逐条解説（第3版）」（税務研究会出版局・2015年）を参照した。もっとも，筆者がより適切と考える場合はこれらとは異なる和訳によった。

さらに，本書の執筆にあたっては，筆者がライデン国際租税センター（International Tax Center Leiden）[2] 留学中に得られた知見をベースとして，モデル条約の公式の注釈であるOECDモデル租税条約コメンタリー（2017年版），租税条約の定評ある注釈書であるEkkehart Reimer and Alexander Rust, Klaus Vogel on Double Taxation Conventions, Vol. I-II（4th edition, Kluwer Law International, 2015），租税条約を含めた国際租税法に関する資料集である Kees van Raad, Materials on International, TP & EU Tax Law 2015-2016, Vol. 1-3（International Tax Center Leiden,

---

2　http://www.itc-leiden.nl（最終訪問日：2017年11月14日）参照。

2015）を主に参照した上で，さらに脚注で記載した文献を参照した。なお，本書の参考文献は主に海外で出版等されたものであることをあらかじめお断りしておきたい。

　最後に，本書はライデン国際租税センターの恩師であるKees van Raad教授のもとで租税条約を研究し，同教授に指導をいただいたことから構想を得て成ったものであり，ここで改めて感謝の念を記しておきたい。

第 **1** 章

租税条約の基礎

8　第1章　租税条約の基礎

1 租税条約の意義

　租税条約の主たる目的は，国際的な物やサービスの流通，人や資本の移動に際しての障壁となり得る国際的な二重課税を排除することにより，国際的な経済活動を促進することである[1]。そこで，まずは国際的な二重課税の問題について言及しておきたい。

　たとえば，A国法人が経済活動を展開する際，その国内で得られた所得については，A国で課税がなされることになる。この場合，他の国で課税がなされることは通常ない。これに対して，国境を越えてB国で経済活動を展開する際には，B国の国内で得られた所得について，A国とB国の双方で課税がなされる可能性がある。

　これはA国とB国がそれぞれ異なる管轄に基づいて課税をすることに起因する[2]。すなわち，A国では，自国の居住者であるA国法人に対して，居住地管轄（residence jurisdiction）に基づき，その所得が生じた場所を問わずにすべての所得，全世界所得（worldwide income）に課税することが認められる[3]。これは課税するための根拠，国とのつながり（nexus）を人的

1　C1-54参照。ただし，租税条約は，二重課税を排除するとともに，租税回避や脱税を防止することをも目的とする。

2　増井良啓・宮崎裕子「国際租税法（第3版）」（有斐閣・2015年）6頁，Reuven S. Avi-Yonah, Advanced Introduction to International Tax Law (Edward Elgar Publishing, 2015), p.8参照。

3　居住者に対して全世界所得課税する属人主義的な課税方式を一般に全世界的課税方式（worldwide taxation system）という。これに対して，居住者に対しても国内源泉所得のみに課税する（純粋に）属地主義的な課税方式を一般に属地的課税方式（territorial taxation system）という。実際には，これらの折衷的な方式が採用されることが多いといえる。Wei Hwa See, The Territoriality Principle in the World of the OECD/G20 Base Erosion and Profit Shifting Initiative: The Cases of Hong Kong and Singapore – Part I, 71 Bulletin for International Taxation 1 (2017, Published online: 5 December 2016), Sec.2参照。

な関係（自国の居住者が所得を得ること）に求める属人的な課税であるといえる。このように自国の居住者に対して課税するＡ国の立場を一般に「居住地国」(residence state) といい，居住地国として課税することを「居住地国課税」という。

これに対して，Ｂ国では，自国の非居住者であるＡ国法人に対して，源泉地管轄 (source jurisdiction) に基づき，自国の国内で生じた所得，国内源泉所得 (domestic source income) に課税することが認められる。これは課税するための根拠，国とのつながりを地理的な関係（所得が自国の国内で生じたこと）に求める属地的な課税であるといえる。このように非居住者が得た自国の国内源泉所得に課税するＢ国の立場を一般に「源泉地国」(source state) といい，源泉地国として課税することを「源泉地国課税」という。

【図表1-1】居住地国課税と源泉地国課税の競合

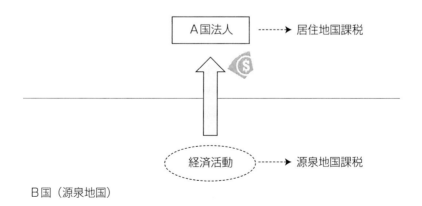

このように，居住地国と源泉地国が異なる管轄に基づいて課税をすることから，同じ所得に異なる国が課税をするという二重課税の問題が生じる

ことになる。なお，ここでの二重課税は同じ者が得た同じ所得に対する二重課税であり，これは同じ所得について異なる者に対して課税がなされる経済的二重課税[4]（economic double taxation）と区別され，法的二重課税（juridical double taxation）といわれる。

さらに，二重課税については，文字どおりの二国間のみならず，三国間でも生じる可能性がある。たとえば，A国法人がB国法人から何らかの所得の支払を受ける場合，その送金がC国内の金融機関を通じてなされるとすれば，各国の国内法によっては，A国やB国のみならずC国でも課税がなされる可能性がある。すなわち，B国からすれば，自国の法人が支払った所得は自国の国内で生じたものであり，国内源泉所得として課税することが認められる。ところが，どのような場合に自国の国内で所得が生じたといえるか（国内源泉所得に当たるか）というソースルール（source rule）は各国で異なる。そこで，C国の国内法によっては，国内で送金がなされる場合に国内源泉所得に該当するものとして課税することもあり得る。

このように，B国のソースルールとして，自国の居住者が支払をするものであるかという支払者基準が採用されるのに対して，C国のソースルールとして，国内で送金がなされるかという国内送金基準が採用されるとすれば，ソースルールが異なることに起因して，2つの源泉地国課税が競合

---

4 法人の所得に対しては，その居住地国で法人税が課されることが通常である。さらに，法人が税引後の利益を配当する際に株主に対して課税がなされるとすれば，法的には異なる者に対する課税であるものの，経済的な観点からは実質的に同一の所得に二度課税がなされることになる。

このような法人段階と株主段階の二重課税は，同一の者に対する法的二重課税と区別され，経済的二重課税といわれる。個人の形態で経済活動がなされた場合に一度の課税に服するのに対して法人の形態でなされた場合に二度の課税に服するとすれば，法人を用いた経済活動が阻害されるため，その調整が必要とされる。その方法としては，法人段階での調整と株主段階での調整がありうる。

法人段階での調整としては，たとえば，利益を配当する法人に軽減税率を適用する（split rate），配当の費用控除を認めるといった方法があり得る。株主段階での調整としては，法人税相当の税額控除（imputation credit）を認める，配当所得について軽減税率を適用する，あるいは免税とするといった方法があり得る。いずれにしても，どのように調整がなされるか（あるいは調整がなされないか）は各国によって異なるが，一般には，株主段階で配当所得について何らかの課税の減免を認めるやり方が多いといえる。

することになる。当然，A国も居住地国としての課税が認められることから，この場合は3つの国で課税がなされることになる。

【図表1-2】 2つの源泉地国課税と居住地国課税の競合

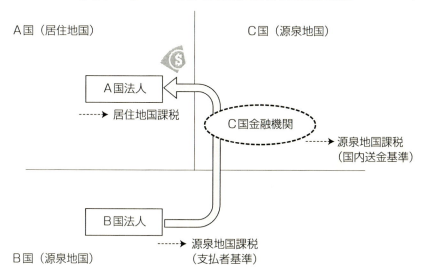

さらに，A国法人については，同時に他の国の居住者，たとえば，D国法人にも該当する可能性がある。すなわち，ある法人がその国の居住者となるための基準は各国によって異なるものであり，自国の法律に基づいて（自国法を準拠法として）設立されたか（設立準拠地基準），自国に本店を有するか（本店所在地基準），自国の国内で実質的な経営がなされているか（実質経営地基準）などの基準があり得る。また，これらの基準が複数組み合わされることもある。

このように，国によって異なる基準が用いられることから，ある法人が同時に複数の国の居住者，二重居住者[5]（double residence）に該当するこ

---

5 双方居住者ということもあるが，本書では「二重居住者」の用語による。

12 第1章 租税条約の基礎

とがあり得る。たとえば，設立準拠地基準を採用するA国で設立された法
人が実質経営地基準を採用するD国の国内で実質的な経営がなされる場合，
A国法人であると同時にD国法人にも該当することになる。この場合，2
つの居住地国課税が競合することになる。なお，居住者となるための基準
が各国で異なることによって二重居住者となり得るのは，法人ではなく個
人の場合も同様である。

【図表1-3】 2つの居住地国課税の競合

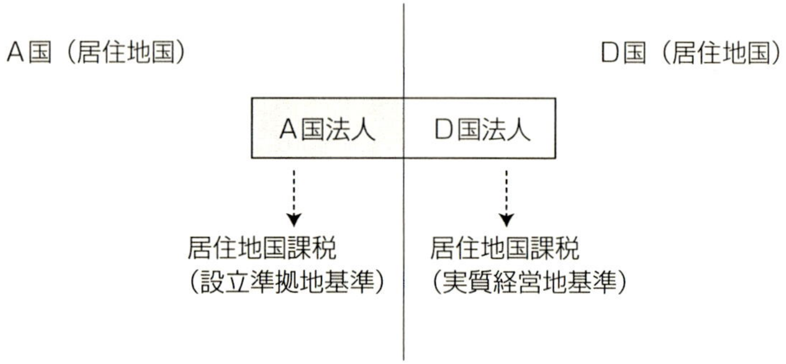

A国（居住地国）   D国（居住地国）

```
          ┌─────────┬─────────┐
          │ A国法人  │ D国法人  │
          └────┬────┴────┬────┘
               ↓         ↓
          居住地国課税   居住地国課税
        （設立準拠地基準）（実質経営地基準）
```

　以上のとおり，二重課税については，居住地国課税と源泉地国課税が競
合する場合のほか，2つの源泉地国課税（と居住地国課税）が競合する場
合，2つの居住地国課税が競合する場合もある。このような二重課税を排
除するために機能するのが租税条約である。

2 租税条約の機能

　租税条約は，その主たる目的である国際的な二重課税を排除するため，締約国の課税権を制限するものとして機能する。ここで注意すべきなのは，租税条約は国の課税権を制限するものであって，課税権を創設するものではないということであり，租税条約を根拠に課税することは認められず，課税は国内法に基づいてなされる必要があるということである[6]。

　租税条約に基づく課税権の制限は，居住地国と源泉地国との間における課税権の分配という形でなされる。課税権の分配ルールは次の3つに分類することができる。

A　居住地国のみに課税権

B　源泉地国のみに課税権

C　双方に課税権（ただし，源泉地国に一定の制限がなされ得る）

　居住地国のみに課税権が認められる場合，源泉地国では課税権が否定される。逆に，源泉地国のみに課税権が認められる場合，居住地国では課税権が否定される。もっとも，実際の分配ルールは双方に課税権が認められることが多い。この場合，源泉地国に一定の制限がなされることも多いが，課税権自体が否定されるわけではなく，源泉地国に一次的な課税権が認められ，居住地国に二次的な課税権が認められる。その上で，そのままでは二重課税が排除されないことから，二次的な課税権にとどまる居住地国が二重課税の排除を義務付けられることになる。その方法として，国外所得

6　Vogel Intro 30, 54参照。
　　また，裁判例においても，たとえば，Cudd Pressure Control Inc. v. Her Majesty the Queen, Tax Court of Canada (29 May 1995), para 36が同旨を述べる。

14 第1章 租税条約の基礎

免除方式または外国税額控除方式によることが定められており，租税条約において源泉地国課税が認められる範囲で居住地国は課税を控えるか源泉地国で支払われた税額相当の控除を認めることが求められる（23条参照）。

このように，租税条約に基づいて締約国の課税権がそれぞれ制限されることで，居住地国課税と源泉地国課税の競合は解消される。これに対して，2つの源泉地国課税の競合はそのままでは解消されない。たとえば，先ほどの例で，A国法人に対してB国法人が支払う所得について，C国の国内で送金がなされる場合，B国とC国の双方が源泉地国として課税をするとしても，そのような源泉地国課税の競合を解消するためにB国とC国の間で締結されている租税条約（BC条約）が適用されるわけではない。すなわち，租税条約が適用されるのは締約国の居住者に限られている（1条参照）ことから，A国法人が受領する所得について適用される租税条約はA国が締結するものに限られ，B国の居住者でもなくC国の居住者でもないA国法人にBC条約は適用されない。

もっとも，A国がB国やC国との間で租税条約を締結している場合，A国法人にAB条約やAC条約が適用される結果，2つの源泉地国課税の競合が解消される。すなわち，A国法人が受領する所得についての租税条約上のソースルールとして，AB条約やAC条約のもとで支払者基準が採用されており，それ以外の基準による源泉地国課税が否定されているとすれば，AC条約の適用によってC国における課税が免除され，源泉地国課税の競合は解消されることになる。さらに，A国法人としては，AB条約の適用によってB国における課税についても一定の減免を受けることができる。

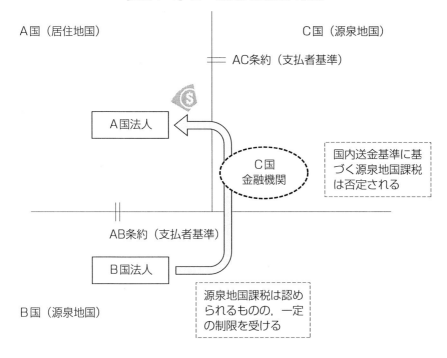

【図表1-4】 2つの源泉地国課税の解消

　このように、租税条約は原則として居住地国課税と源泉地国課税の競合を解消するものであるが、居住地国が締結する複数の租税条約があわせて適用されることで、居住地国課税と源泉地国課税の競合のみならず、2つの源泉地国課税の競合を解消することも可能となる。各国にとって租税条約のネットワークを有することが重要になるゆえんである。

　さらに、租税条約は、二重居住者についての振分けルールを定めており、これによって2つの居住地国課税の競合も解消されることになる（4条2項・3項参照）。

16 第1章 租税条約の基礎

3 租税条約の適用

　以上で述べた租税条約の機能を踏まえて，実際に租税条約を適用するにあたっては，以下のようなステップに分けて考える視点が有用である[7]。

ステップ1　国内法に基づく課税関係

　問題となる所得について，まずは国内法に基づく課税関係を検討する。その際，各国で国内法が異なることから，関係する国の国内法に基づく課税関係をそれぞれ検討することが必要となる。その結果，少なくとも1つの国で課税がなされる場合，租税条約の適用が問題となる。いずれの国でも課税がなされない場合は，そもそも国内法に基づく課税関係が生じないことから，租税条約の適用は問題とならない。

　いずれかの国で課税がなされる場合としては，以下のパターンがあり得る。

　A　居住地国課税と源泉地国課税が競合する場合

　B　2つの源泉地国課税が競合する場合

　C　2つの居住地国課税が競合する場合

　D　居住地国課税のみがなされる場合

　E　源泉地国課税のみがなされる場合

これを前提として，次のステップを検討することになる。

---

[7]　Vogel Intro 57参照。

ステップ２ 租税条約の適用関係

　課税権の分配ルールについて検討する前に，そもそも租税条約の適用があるかを検討することが不可欠である[8]。租税条約が適用されるためには，所得を受領する者がいずれかの締約国の居住者であることが必要である。居住地国課税と源泉地国課税が競合する場合（パターンＡの場合）はいずれかの国の居住者として租税条約が適用され，課税権の分配ルールが適用される。これに対して，２つの源泉地国課税が競合する場合（パターンＢの場合）はいずれの国の居住者にも該当しないことから，原則として租税条約は適用されない。

　２つの居住地国課税が競合する場合（パターンＣの場合）はまずは居住者の振分けルールが適用され，いずれかの国の居住者に振り分けられる。その結果，居住地国ではないとされた国もなお源泉地国として課税が認められる可能性がある。そこで，この場合も課税権の分配ルールが適用される。

　さらに，居住地国課税のみがなされる場合（パターンＤの場合）や源泉地国課税のみがなされる場合（パターンＥの場合）には二重課税の問題は生じないが，それでも所得の受領者がいずれかの国の居住者であれば，租税条約の適用は認められる。すなわち，課税権の分配ルールには居住地国課税や源泉地国課税を制限するものがあり，そのような規定の適用があり得る。

　すでに述べたとおり，租税条約は二重課税を排除するためのものであるが，実際には租税条約で課税権が認められている国が国内法に基づいて課税をしないこともある。そのような場合，二重課税は生じないのであるが，租税条約で課税権が認められる国は国内法を改正することでいつでも課税

8　Vogel Intro 58参照。

18　第1章　租税条約の基礎

することが認められるのであり，租税条約の適用自体が否定されることにはならない[9]。

ステップ3　租税条約に基づく課税権の分配

　租税条約の適用があることを確認した上で，課税権の分配ルールについて検討する。租税条約は，所得の性質に応じて，いずれの国が課税権を有するかについての分配ルールを定めている。そのルールを適用するにあたっては，問題となる所得がどの条文（所得条項）の適用対象になるか（所得区分）を検討した上で，当該条文で定められた具体的な要件の充足について検討することになる[10]。

　なお，所得区分は，あくまでも租税条約の規定に従って判断されることに留意する必要がある。租税条約上の所得区分は国内法上の所得区分とは別のものであり，国内法の所得区分に従って租税条約の適用条文を判断するのではなく，租税条約が定める所得の定義に従って判断する必要がある。たとえば，国内法上は利子に該当するものであったとしても，租税条約上は配当に該当するものであれば，配当所得条項が適用されることになる。

　また，問題となる所得によっては，租税条約で定められた複数の種類の所得の定義に同時に該当することがあり得る。たとえば，金融機関が受領する利子については，利子所得であると同時に事業所得にも該当し得る。その場合は，いずれの条文が優先的に適用されるかという条文相互間の関係を踏まえて適用条文を判断することが必要になる。

ステップ4　最終的な課税関係

　以上で検討した適用条文に定められた課税権の分配ルールに従い，国内

　9　ただし，実際の租税条約では，二重課税が生じない場合には租税条約の適用を認める必要がないとして，相手国において課税がなされることを租税条約の適用要件とする条項（subject-to-tax clause）が定められることもある。

10　Vogel Intro 59参照。

法に基づく課税関係が租税条約によって修正されることになる[11]。たとえば，B国法人がA国法人に対して100の利子を支払う場合，B国の国内法に基づいてB国で20％の源泉徴収がなされるとすれば，その税額は20となる。これに対して，AB条約のもとでその税率が10％に制限されるとすれば，B国における税額は10に軽減されることになる。

　以上の4つのステップは問題となる所得ごとに検討することが必要になる。また，関係する租税条約が複数ある場合，それぞれについて個別に適用関係を検討することが必要になる。

11　Vogel Intro 60参照。

第**2**章

総則規定
（1条～4条）

22　第2章　総則規定（1条〜4条）

1 人的範囲（1条）

1　This Convention shall apply to persons who are residents of one or both of the Contracting States.

1　この協定は，一方又は双方の締約国の<u>居住者</u>である<u>者</u>に適用する。

　1条は，租税条約が適用される者の範囲（人的範囲）を定めている。1項によると，租税条約は，締約国のいずれか一方（あるいは双方）の「居住者」[1]である「者」[2]に適用される。そこで，問題となる所得について租税条約の適用によって課税の減免を受けるためには，その所得の受領者がいずれかの国の居住者であることが必要である。ここでは所得の受領者のみが問題とされており，所得の支払をする者がいずれの国の居住者であるかは無関係であり，所得がどこで生じたものであるかも無関係である。

　このように，所得の受領者がいずれかの国の居住者であれば租税条約は適用される。逆に言えば，所得の受領者が双方の国において非居住者とされる場合，たとえ双方の国が源泉地国として課税する（つまり二重課税の問題が生じる）としても，原則として租税条約は適用されない[3]。

　もっとも，個別の条文において，明示または黙示にその例外が定められている場合があり，そのような例外規定については，所得の受領者が非居

1　居住者の定義につき，4条1項参照。

2　者（person）の定義につき，3条1項（a）参照。

3　居住者を基準として租税条約の適用を限定することの意義と限界について論じたものとして，P. Johann Hattingh, Article 1 of the OECD Model: Historical Background and the Issues Surrounding It, 57 Bulletin for International Taxation 5（2003），pp.215-221がある。

住者である場合にも適用される余地がある[4]。たとえば，明示的な例外規定として，国籍による差別を禁止する国籍無差別条項（24条1項）が挙げられる。また，明示的に定められているわけではないものの，その規定内容からして第1条にかかわらず適用されると解されるものとして，実質的な配当課税を禁止する条項[5]（10条5項），政府職員条項[6]（19条），学生等条項[7]（20条）が挙げられる。

　このような例外はあるものの，基本的には，租税条約は居住者に対してのみ適用されるというのが原則である。このことから，租税条約の適用を受けることができない非居住者としては，租税条約の適用を受けることを目的として，取引の中間に居住者を介在させることが考えられる。そのような場合，形式的には租税条約の適用要件を充足することになるが，これが濫用的になされるとすれば，それは条約漁り（Treaty Shopping）として本来の租税条約の目的から逸脱した行為となる[8]。そこで，そのような租税条約の濫用を認めないようにするため，追加的な租税条約の適用要件として，特典を受ける権利（29条）が定められている。

　そのほか，租税条約の適用に関連する問題として，ある事業体について各国で課税上の取扱いが異なる場合の租税条約の適用関係を1条2項が定めており，また，居住地国の課税権が制限されないことを1条3項が定めている。これらは応用的な問題であり，特典を受ける権利とあわせて第9章でまとめて取り上げる。

4　第1条の意義とこれに対する例外規定について分析したものとして，P. Johann Hattingh, The Role and Function of Article 1 of the OECD Model, 57 Bulletin for International Taxation 11 (2003), pp.546-553がある。

5　Vogel Art. 1 11, Vogel Art.10 137参照。

6　Vogel Art.19 2参照。

7　Vogel Art.20 15参照。

8　モデル条約の前文において，租税条約の目的は，条約漁りなどの租税回避行為の機会を与えることなく二重課税を排除することである旨が明確にされている。

24 第2章 総則規定（1条〜4条）

2 対象税目（2条）

　2条は，租税条約が適用される租税の範囲（対象税目）を定めている。租税条約は，①所得に課される租税（所得税，法人税など）および財産に課される租税（資産税など）について，②中央政府または地方政府のいずれが課すものであるかを問わず，③課税方法（申告納税または源泉徴収）も問わず，適用されることが明らかにされている。

　ただし，実際の租税条約では，所得に対する租税のみを対象とし，財産に対する租税を対象としないことが多い。また，相続税や贈与税については，そもそも対象とはされておらず，給付と受益が直接的な関係を有するとされる社会保険料（税）も「租税」とは取り扱われず，租税条約の適用はないと解されている[9]。さらに，地方政府については，各国はそれぞれ異なる統治機構を採用しており，地方税が対象とされていないことも多い。

　なお，例外的ではあるが，対象税目について限定されず，税目を問わずすべての租税に適用される条文もある。たとえば，差別的な取扱いを禁止した無差別条項は税目を問わずいかなる租税に対しても適用されることが定められている（24条6項参照）。

9　C2-3参照。

3 一般的定義（3条）

（1）一般用語の定義

　3条1項は，4条及び5条とともに，租税条約の各条文に共通して用いられる用語の定義をしている。この点，定義については，さらに個別の条文で重要な用語の定義がなされることも多い。たとえば，「不動産」（6条2項），「配当」（10条3項），「利子」（11条3項），「使用料」（12条2項）など，各条文における重要な用語について個別に定義がなされている。そのような個別の定義がある場合はそちらの定義が優先し，個別の定義がない場合に3条1項などの一般的定義が参照されることになる。なかでも重要となるのは，「者」と「法人」の定義である。

---

a)　the term "person" includes an individual, a company and any other body of persons

b)　the term "company" means any body corporate or any entity that is treated as a body corporate for tax purposes

---

a)　「者」には，個人，法人及び法人以外の団体を含む。

b)　「法人」とは，法人格を有する団体又は租税に関し法人格を有する団体として取り扱われる団体をいう。

　1条1項によると，租税条約は居住者である「者」に適用される。ここでいう「者」は3条1項（a）で定義されており，個人（自然人），法人，

26 第2章 総則規定（1条～4条）

その他の団体（人の集まり）を含むとされている。この定義は広い意味を持つものとされており、法人格を有しない事業体であっても、それが複数の人で構成されている場合には、その他の団体として「者」に該当することになる[10]。このことから、組合（partnership）であっても「者」に該当する[11]。

また、個別の条文で頻出する「法人」は同項（b）で定義されており、法人格を有する団体または課税上の取扱いとして法人格を有するものとして取り扱われる事業体をいう。そこで、民事法上は法人格を有しない事業体（たとえば組合）であっても、その事業体の所在地国における課税上の取扱いが法人と同等であると認められれば租税条約上も「法人」に該当することになる[12]。ある事業体が法人に該当するかどうかは、特に配当所得条項（10条）の適用をめぐって重要となる。すなわち、同条項は法人の利益分配（配当）に対して適用されることから、その適用にあたっては、その支払者が法人に該当するかどうかが重要となる。

（2）用語の解釈

> 2. As regards the application of the Convention at any time by a Contracting State, any term not defined therein shall, unless the context otherwise requires or the competent authorities agree to a different meaning pursuant to the provisions of Article 25, have the meaning that it has at that time under the law of that State for the purposes of the taxes to which the Convention applies, any meaning under the applicable tax laws of that State prevailing

---

10 C3－2参照。
11 ただし、組合に租税条約が適用されるためには、さらに組合が「居住者」であると認められる必要がある。4条1項参照。
12 C3－3参照。

over a meaning given to the term under other laws of that State.

> 2 一方の締約国によるこの協定の適用に際しては，この協定（注：
> 租税条約）において定義されていない用語は，文脈により別に解釈
> すべき場合（又は第25条の規定に従って権限ある当局が異なる意味
> を合意した場合[13]）を除くほか，この協定の適用を受ける租税に関
> する当該一方の締約国（注：租税条約を適用する国）の法令において当
> 該用語がその適用の時点で有する意義を有するものとする。当該一
> 方の締約国において適用される租税に関する法令における当該用語
> の意義は，当該一方の締約国の他の法令における当該用語の意義に
> 優先するものとする。

　3条2項は，租税条約上の用語の解釈について定めている。この点，租税条約も国際条約であり，その解釈にあたっては，ウィーン条約法条約の規定が適用されると解されている[14]。そして，同条約31条は，条約の解釈にあたっての一般的なルールを次のとおり定めている。

1　条約は，文脈によりかつその趣旨及び目的に照らして与えられる用語
　　の通常の意味に従い，誠実に解釈するものとする。

13　2017年のモデル条約改正によって追加で定められた。この点，各国で解釈が異なる場合には
　　租税条約における二重課税の排除のための仕組み（23条）が適切に機能しない可能性があり，
　　相互協議によって各国の解釈が統一されるとすれば，この問題が解決することになる。John F.
　　Avery Jones, The "One True Meaning" of a Tax Treaty, 55 Bulletin for International Taxation
　　6（2001), pp.220-224参照。
14　谷口勢津夫「租税条約論」（清文社・1999年）10頁，増井良啓・宮崎裕子「国際租税法（第
　　3 版）」（有斐閣）29頁，Vogel Intro 81参照。Klaus Vogel and Rainer G. Prokisch, General
　　Report: Interpretation of double taxation conventions, Cahiers de droit fiscal international, Vol.
　　78a（IFA, 1993), pp.55-85も参照。
　　　なお，これに対して，Brian Arnold, The Interpretation of Tax Treaties: Myth and Reality,
　　64 Bulletin for International Taxation 1（2010), pp.2-15は，租税条約の解釈は国内法の解釈
　　と基本的には同一であると論じる。

28 第2章 総則規定（1条〜4条）

2 条約の解釈上，文脈というときは，条約文（前文及び附属書を含む）
のほかに，次のものを含める。

(a) 条約の締結に関連してすべての当事国の間でされた条約の関係合意

(b) 条約の締結に関連して当事国の一又は二以上が作成した文書であっ
てこれらの当事国以外の当事国が条約の関係文書として認めたもの

3 文脈とともに，次のものを考慮する。

(a) 条約の解釈又は適用につき当事国の間で後にされた合意

(b) 条約の適用につき後に生じた慣行であって，条約の解釈についての
当事国の合意を確立するもの

(c) 当事国の間の関係において適用される国際法の関連規則

4 用語は，当事国がこれに特別の意味を与えることを意図していたと認
められる場合には，当該特別の意味を有する。

そこで，租税条約についても，基本的には，上記のルールに従って解釈
する必要があり，特別の意味が与えられていない限り，用語の通常の意味
を文脈に即して解釈することが重要となる。もっとも，租税条約で定義が
なされていない用語の解釈については，その解釈について特に定めた3条
2項が優先的に適用される。すなわち，一般的な条約における用語の解釈
について定めたウィーン条約法条約からすれば，3条2項は租税条約にお
ける用語の解釈について定めた特別規定であると解され，同規定が優先す
ることになる[15]。

この点，租税条約の用語については，3条1項のように定義がなされて
いることもあるが，実際には，定義がなされていないものも多い。また，
仮に何らかの定義がなされていても，それが必ずしも自己完結的な定義で
あるとは限らない。さらに，租税条約で定義されている用語の解釈にあ

---

15 谷口・前掲注（14）18頁，Vogel Art. 3 110参照。

③ 一般的定義（3条）　29

たっては，ウィーン条約法条約で定められた一般的な解釈のルールに従う
必要があるところ，そこで示された定義の内容が文脈に沿わずに適用され
ないこともあり得る[16]。これらはいずれも「租税条約において定義されて
いない」場合に該当するものとして3条2項の適用対象となる[17]。

　3条2項が適用される場合，租税条約の用語は，基本的には，租税条約
を適用する国における国内法上の意義を有するものと解釈すべきことにな
る。なお，国内法上も特に定義がなされていない場合は，ウィーン条約法
条約の一般的な解釈のルールに戻って，これに基づいて解釈がなされる。

　租税条約を適用する国の国内法が参照されるとして，通常，租税条約の
適用によって第一次的に課税権の制限を受けるのは源泉地国であり，多く
の場合，源泉地国の国内法が参照されることになる。この場合，居住地国
としては，23条に基づき，源泉地国の国内法に基づいて源泉地国で課税が
認められる範囲で二重課税の排除が義務付けられることになる[18]。

　ただし，租税条約上の用語の意味を源泉地国が国内法によって任意に一
方的に定めることが認められ，それに従って課税権の範囲が決定されると
すれば，二国間の取決めである租税条約の意義が損なわれることになりか
ねない。たとえば，源泉地国課税が認められるための要件として，一定の
日数以上国内に滞在することが定められている場合，滞在日数の計算方法
を源泉地国が国内法で任意に（いかに不合理なものであっても）定めるこ
とが認められ，源泉地国の課税権がそれに従って拡張することが認められ
るとすれば，課税権の分配ルールが機能しなくなる。

　そこで，重要となるのが「文脈により別に解釈すべき場合を除く」とい
う限定である。これにより，国内法上の定義に基づく解釈が文脈に基づく

16　たとえば，3条1項では，「文脈により別に解釈すべき場合を除く」として，そこで示され
　　た定義の内容が文脈に沿わない場合にはその定義は使用されないことが明らかにされている。
　　その他の条文で示されている定義についても同様にこの一般的なルールが適用されるものと解
　　される。Vogel Art. 3 15参照。
17　Vogel Art. 3 126参照。
18　Vogel Art. 3 118参照。

30 第2章 総則規定（1条〜4条）

解釈と相容れず，文脈に基づく解釈がより合理的であると認められる場合には，そちらの解釈が優先することになる[19]。ここでいう文脈は，ウィーン条約法条約31条2項にいう文脈（狭義の文脈）よりも広く解される文脈（広義の文脈）であり，租税条約の条文そのもの，関連してなされる合意（覚書，交換公文など）や共通の解釈指針などのほか，条文の趣旨目的，様々な資料から伺われる両締約国の意図，さらには関連する両締約国の国内法やいずれか一方の締約国が定めた解釈指針なども，それが租税条約の締結の際の前提とされていたと認められる限り，広く含まれると解されている[20]。そこで，このような広義の文脈に基づく解釈と比べて不合理であると認められる国内法上の定義に基づく解釈は排斥されることになる。

　以上をまとめると，租税条約の用語を解釈するにあたっては，次のような手順によることになる[21]。

①　個別の定義の有無の確認（ある場合はそれをウィーン条約法条約に従って解釈）

19　国内法上の定義に基づく解釈と文脈に基づく解釈の関係について，2つの異なる立場があり得る。1つの立場として，国内法を参照する前に，まずは文脈に基づいて合理的な解釈が1つに定まるかを判断し，それが不可能な場合（複数の解釈があり得て，いずれが合理的であるかを判断することが困難である場合）に限って国内法を参照すべきとする立場がある。
　これに対して，3条2項の規定は，文脈に基づく解釈をあくまでも例外として位置づけており，まずは国内法上の定義に基づいて解釈をした上で，それが文脈に基づく解釈と比べて不合理である場合に限って前者が否定されるとの立場がある。この立場では，文脈からは他に合理的な解釈があり得たとしても，国内法上の定義に基づく解釈が不合理とまでは言えない場合にはその解釈が優先することになる。
　基本的には後者の立場が相当であると考えられるが，実際には，本文で述べるとおり文脈を広義に捉えることにより，多くの場合に文脈に基づく解釈が国内法に基づく解釈よりも合理性を有するとの議論がなされる余地があり，結果として文脈に基づく解釈が優先する場面も多くなると考えられる。以上の議論につき，Vogel Art. 3 123，Klaus Vogel and Rainer G. Prokisch・前掲注（14）参照。
　なお，各国における裁判例をもとに「文脈により別に解釈すべき場合を除く」の意義について分析したものとして，Monica Sada Garibay, An Analysis of the Case Law on Article 3（2）of the OECD Model（2010），65 Bulletin for International Taxation 8（2011）がある。
20　C 3 -12，Vogel Art. 3 123参照。E. van der Bruggen, Unless the Vienna Convention Otherwise Requires: Notes on the Relationship between Article 3（2）of the OECD Model Tax Convention and Articles 31 and 32 of the Vienne Convention on the Law of Treaties, 43 European Taxation 5（2003）も参照。
21　Vogel Art. 3 126参照。

③ 一般的定義（3条） 31

② 個別の定義がない場合（定義が自己完結的でない場合や狭義の文脈に反するものとして適用されない場合を含む）には，租税条約を適用する国の国内法上の定義の確認（それがない場合はやはりウィーン条約法条約に従って解釈）

③ 国内法上の定義が広義の文脈に基づく解釈と比べて不合理ではないかの確認（不合理である場合は文脈に基づく解釈が優先）

（3）コメンタリーの法的性質

以上が租税条約上の用語の解釈についての一般的なルールであるが，重要な論点として，その解釈にあたって，コメンタリーがどのような法的性質を有するかについて議論がある[22]。

この点，コメンタリーは各国で合意されたモデル条約の一般的な解釈を明らかにしたものであり[23]，実際の租税条約はモデル条約をベースに締結されることが一般であることから，特にそれに反する状況がない限り，両締約国はコメンタリーの解釈を前提に租税条約を締結したものと考えることが合理的である。そこで，コメンタリーで解釈が示されている用語については，ウィーン条約法条約にいう「特別の意味」（同条約31条4項）が与えられている，あるいはさらに一歩進んで，国際租税という専門領域における「通常の意味」（同条約31条1項）が与えられていると解すべきである[24]。

したがって，ウィーン条約法条約に従って解釈する際には，コメンタ

22　谷口・前掲注（14）15頁－18頁，Vogel Intro 98-106参照。

23　C序－15，29参照。

24　Vogel Intro 101参照。Klaus Vogel, The Influence of the OECD Commentaries on Treaty Interpretation, 54 Bulletin for International Taxation 12 (2000), pp. 612-616も参照。
　　さらに，ウィーン条約法条約にいう「文脈」（同条約31条2項）を構成するとの見解もあり得る。Peter J. Wattel and Otto Marres, The Legal Status of the OECD Commentary and Static or Ambulatory Interpretation of Tax Treaties, 43 European Taxation 7 (2003), pp.222-235参照。
　　いずれにしても，単なる「補足的手段」（同条約32条）にすぎないとの見解は否定されるべきと解される。

32 第2章 総則規定（1条〜4条）

リーは「特別の意味」あるいは「通常の意味」を与えるものとして考慮され，また，3条2項に従って解釈する際にも，当然，コメンタリーは広義の文脈に含まれるものとして考慮されることになる。

　なお，租税条約がOECDの加盟国と非加盟国との間で締結される場合（あるいは非加盟国間で締結される場合）には，コメンタリーの解釈が前提とされていたかについてはより慎重な検討が必要となるものの，基本的には，モデル条約と同一の文言（あるいはそれを修正した文言）が使用されている場合，それに反する状況がない限り，コメンタリーの解釈が前提となっていたと解すべきであると考えられる[25]。

　さらに，コメンタリーをめぐっては，いつの時点のコメンタリーが参照されるべきかという問題がある。すなわち，コメンタリーは改正がなされるものであり，租税条約が締結された後にコメンタリーが改正された場合，最新のコメンタリーを参照すべきか，それとも条約締結時のコメンタリー（条約締結の前提となったコメンタリー）を参照すべきかが問題となる。

　これについては，コメンタリーの法的性質として，条約締結の前提となっていたことを理由に「特別の意味」や「通常の意味」を与えるものと解する以上は，条約締結時のコメンタリーが参照されるべきであり，その後に改正されたコメンタリーが法的拘束力を有するものとして参照されるとは考えられない[26]。また，3条2項の文脈を構成するのも条約締結時のコメンタリーであると解される。もっとも，コメンタリーの改正は，従前の一般的な理解に反して新たな解釈を提示するものや従前の解釈を変更するものばかりではなく，従前の解釈を明確化する性質のものも多いとされている[27]。

　そこで，改正後の解釈が従前の解釈に反するものではなく，それが明確

25　Vogel intro 104参照。
26　Vogel intro 105参照。
27　C序−36参照。

3 一般的定義（3条）　33

化されたものと認められる限りは，改正後のコメンタリーも3条2項に従って解釈する際の文脈を構成するものと解することができる[28]。また，ウィーン条約法条約に従って解釈する際にも，改正後のコメンタリーは裁判所等を法的に拘束するものとはいえないものの，少なくとも行政機関を拘束するものと考えることはできると思われる[29]。

　以上に対して，解釈の明確化とはいえない場合には，基本的には条約締結時のコメンタリーが参照されることになる。それでもなお，実際には，合理的な解釈について検討する際の資料として改正後のコメンタリーは有益であり，程度の差はあっても事実として改正後のコメンタリーが参照されることが多いということはできる[30]。

（4）国内法の変遷

　租税条約で定義されていない用語を国内法上の定義に基づいて解釈する場合，租税条約の締結から実際の適用に至るまでの間に国内法が変遷する可能性がある。すなわち，租税条約はいったん締結されると長年にわたって改正されないことも多く，適用時の国内法が締結時の国内法と異なるものになることもあり得る。そのような場合，いつの時点の国内法に基づいて解釈すべきかについては，租税条約の締結時ではなく，実際に租税条約が適用される時点の国内法に基づいて解釈すべきことが明らかにされている[31]。

　さらなる問題として，租税条約の締結後に（意図的に）国内法を改正し，改正後の国内法上の定義に基づいて解釈した場合にその国の有利な結果となる場合，すなわち，改正前よりも課税権の範囲が拡張する場合，常に改

28　C序-35参照。Klaus Vogel・前掲注（24）も同旨。

29　C序-36.1参照。

30　John F. Avery Jones, The Effect of Changes in the OECD Commentaries after a Treaty is Concluded, 56 Bulletin for International Taxation 3（2002），pp.102-109参照。

31　C3-11参照。
　　この点は1995年のモデル条約改正で明確にされたものであるが，それ以前であっても同様に解すべきと考えられる。Vogel Art.3 118参照。

正後の国内法上の定義に基づく解釈が認められるかという問題がある。たとえば，租税条約の締結時における国内法上の定義に基づいて解釈すれば源泉地国課税が認められないのに対して，その後に国内法を改正することで国内法上の定義が変容して，それに基づいて解釈すれば源泉地国課税が認められる結果となる場合が考えられる。

この問題については，改正前の国内法上の定義を3条2項の文脈に含まれると解することによって，それに基づく解釈と比べて改正後の国内法上の定義に基づく解釈が不合理であると認められる場合には，文脈による解釈が優先すると考えられる[32]。これにより，租税条約の「適用時」の国内法に基づくことを原則としつつ，条約締結後に国内法が改正された場合は租税条約の「締結時」の国内法を参照する余地が認められることで均衡が図られることになる[33]。なお，さらに言えば，租税条約の締結時に合意された内容（課税権の分配ルール）の基礎を変更するような国内法の改正は条約締結国間の信義誠実の原則（ウィーン条約法条約31条1項）に反するとして認められないと解する余地もある。

その他の論点として，参照すべき国内法上の定義について，国内税法上の定義に限るという見解[34]と国内税法に限らずに広く関係する国内法上の定義を含める見解[35]があり得る。前者の見解によると，国内税法に定義がない場合には3条2項は適用されず，ウィーン条約法条約に従って解釈することになる。これに対して，後者の見解によると，国内税法に定義がない場合であっても他の関係する国内法（たとえば民法）に定義があれば，そちらを参照することになる。さらに，国内税法と他の関係する国内法で複数の定義があるときには，国内税法上の定義が優先する。OECDは後者の見解を採用する。

32　C 3 -12, Vogel Art.3 119参照。
33　C 3 -13参照。
34　Vogel Art.3 112参照。
35　C 3 -13.1参照。

4 居住者（4条）

（1）意　義

　4条は，1項で租税条約における居住者の定義をした上で，2項と3項で個人と法人がそれぞれ二重居住者に該当する場合の振分けルールを定めている。すでにみたように，租税条約が適用されるのは基本的には締約国の居住者に限られ，どのような場合に租税条約上の「居住者」に該当するかは重要である。

　租税条約上の「居住者」とは，国・地方政府・地方公共団体や一定の年金基金[36]が特に含まれるほか，それ以外の一般の者については，国との属人的なつながりを根拠に包括的な課税に服する者（無制限納税義務者）をいうとされている。実際にどのような基準でどのような者に対してどのように課税権を行使するかは国によって異なるものの，通常，国内法上の居住者に該当する者（あるいは課税上居住者と同様に取り扱われる者）が包括的な課税に服する者として租税条約上も居住者に該当することになる[37]。

　これに対して，国との属地的なつながりを根拠に一定の課税に服するにとどまる者（制限納税義務者）については，たとえ実際の税負担が居住者と同等であるとしても租税条約上の居住者には該当しない[38]。もっとも，

---

[36]　2017年のモデル条約改正で追加され，3条1項（i）でその定義がなされている。

[37]　C4-3，4，8参照。

[38]　C4-8.1参照。

　　なお，この点が争われた裁判例として，Crown Forest Industries Ltd. v. Canada, Supreme Court of Canada（22 June 1995）がある。この裁判例では，米国の国内法上の非居住者に相当する者が米国の国内で稼得する事業所得について米国の居住者に相当する者と同等の課税に服するとしても，米国とカナダとの間の租税条約における米国の居住者に該当するものではなく，その適用を受けることはできないと判断された。

36 第2章 総則規定（1条〜4条）

国によっては，属人的なつながりを根拠に課税することはせず，居住者で
あっても非居住者であっても，いずれも属地的なつながりのみを根拠に課
税する国もあり得る。その場合でも，最も包括的な課税に服する者（通常
は国内法上の居住者に該当する者）が租税条約上の居住者として取り扱わ
れることになる[39]。

　このように，租税条約上の居住者に該当するためには，その国の国内法
によって包括的な課税に服する者である必要があるが，ここで課税に服す
るというのは，当然，実際に納税をすることとは異なる。たとえば，居住
者であっても，課税所得がマイナスであれば納税をするものではなく，ま
た，非課税所得については納税義務を負わないが，それでもなお課税に服
する者といえる。さらに，課税が人的に免税される者（たとえば一定の財
団法人）については問題となり得るものの，完全な免税ではなく一定の場
合に納税義務を負う可能性があれば，なお課税に服する者といえる[40]。

　これに対して，そもそも国内法に基づいて納税義務者として認識されな
い事業体（パススルー事業体）については，その構成員が課税に服するの
であって事業体そのものは課税に服するものではないことから，租税条約
上も居住者としては取り扱われない。ただし，そのような事業体は各国で
課税上の取扱いが異なる可能性があり，その場合にどのように租税条約が
適用されるかということは問題となる（第9章「4　パススルー事業体」
参照）。

　いずれにせよ，租税条約上の居住者に該当するかを判断する際には，ま
ずは国内法上の居住者（あるいは課税上居住者と同様に取り扱われる者）
に該当するための要件を満たすかを検討することになる。その上で，居住
者となる要件は各国によって異なるものであることから，双方の締約国に
おいて居住者の要件を満たすことで二重居住者となることがある。その場

39　C 4 - 8.3参照。
40　C 4 - 8.11参照。

合に二重居住者の状態を解消するために機能するのが2項(個人の場合)や3項(法人の場合)の振分けルールである。これにより、二重居住者はいずれかの国の居住者に振り分けられることになる。

(2) 振分けルール(個人)

個人の場合、複数の国を物理的に往来することが可能であり、各国の国内法上の基準を同時に満たすことで二重居住者に該当することがあり得る。そのような場合、以下の手順で振分けがなされる。

【図表2-1】二重居住者の振分けルール(個人)

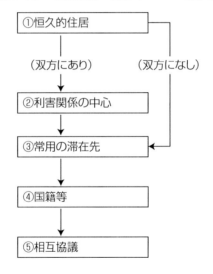

① 恒久的住居

二重居住者がいずれの国に恒久的住居を有するかを検討する。恒久的住居とは、期間的な制限なく継続して使用できる居住の場所(家)であり、一時的にまたは短期的に居住するためのものは除かれる[41]。そのような場所をいずれか一方の国に有する場合、その国の居住者として取り扱われる

38 第2章 総則規定（1条～4条）

ことになる。

② 利害関係の中心

　二重居住者が双方の国に恒久的住居を有する場合には，個人的，経済的な利害関係の中心がある国の居住者として取り扱われることになる。利害関係については，家族や財産の所在，職業，政治的・文化的活動の場所などが総合的に考慮され，いずれの国に利害関係の中心があるかを判断することになる[42]。

③ 常用の滞在先

　利害関係について決め手に欠け，いずれの国に中心があるかを明確に判断することが難しい場合，いずれの国に常用として滞在しているか（常用の滞在先があるか）を判断することになる。また，二重居住者がいずれの国にも恒久的住居を有していない場合も，同様に，常用の滞在先によって判断することになる。

　どのような場合に常用性が認められるかについては，滞在期間の長さは当然考慮されるが，単純な滞在日数のみならず，具体的な事実関係に基づいて，滞在が頻繁であるか，継続的であるか，定期的であるかといった要素を総合的に考慮して常用性が認められるかを判断する[43]。なお，頻繁に複数の国を往来している場合，双方に常用の滞在先がある（逆にいずれにも常用の滞在先がない）と認められることもあり得る。

④ 国籍等

　双方に常用の滞在先があると認められる場合，あるいはいずれにも常用

41　C4－12, 13参照。
42　C4－15参照。
43　C4－19, 19.1参照。

の滞在先がないと認められる場合には，国籍や市民権に基づいて判断することになる。

⑤　**相互協議**

国籍等を基準にしてもなおいずれか一方の居住者に決まらない場合，双方の締約国による義務的な相互協議（権限ある当局間の協議）によっていずれの居住者であるかが決定されることになる。

（3）振分けルール（法人）

法人の場合，国内法上の居住者に該当するための基準として，①本店登録（登記）されていること（本店所在地基準），②設立の準拠法とされていること（設立準拠地基準），③実質的な経営がなされていること（実質経営地基準）といった異なる基準が用いられ，また，これらが組み合わされることもあり，各国の国内法上の基準を同時に満たすことで二重居住者に該当することがあり得る。そのような場合，従来，国内に実質的な経営の場所[44]を有する国の居住者として取り扱われることとされてきた。

ところが，法人の二重居住者については，振分けルールの適用によって租税条約の恩恵を享受する一方で，なお国内法上の居住者としての地位を有することで国内法に基づく恩恵をも享受する状況を人為的に作り出すな

---

[44]　実質的な経営の場所とは，会社全体の経営や事業遂行に関する重要事項の決定が実質的になされる場所をいうものとされており，典型的には，経営の責任者である役員が（形式的な承認ではなく）実質的な意思決定をする場所（役員会議が開催される場所）がこれに相当する。これに対して，通信手段が発達した現代において，役員が会合することなく意思決定する場合など，必ずしも一か所に定めらないという批判があり得るが，そのように意思決定の場所が複数あるようにみえる場合であっても，役員会議が通常開催される場所，役員や幹部が通常活動する場所，本社機能が所在する場所など，具体的な事実関係を踏まえた上で，いずれの国に実質的な経営の場所があるかを判断するものとされ経営の場所は1か所に定まるべきものとされている。以上につき，2017年改正前のC4‐24参照。

なお，実質的な経営の場所を振分けルールの基準とすることの意義と限界について論じたものとして，Eva Burgstaller and Katharina Haslinger, Place of Effective Management as a Tie-Breaker-Rule-Concept, Developments and Prospects, 32 Intertax 8 / 9（2004), pp. 376–387がある。

ど，むしろ租税回避行為に利用されるケースが多いという指摘がなされて
きた[45]。そこで，2017年のモデル条約改正により，1つの基準をもって振
分けをする従来のルールに代えて，様々な要素を考慮して二重居住者ごと
に権限ある当局の相互協議によって個別に決定をするルールに変更がなさ
れた。

（4）振分けルールの効力

　ある者がA国とB国の二重居住者となる場合，AB条約が締結されてい
れば，振分けルールの適用により，いずれか一方の国の居住者に振り分け
られることになる。仮にA国の居住者に振り分けられる場合，居住地国と
しての課税はA国にのみ認められることになる。そこで，この場合のA国
を「勝者国」という。これに対して，B国では居住地国としての課税は認
められず，租税条約で源泉地国課税が認められている範囲で源泉地国とし
て課税が認められるのみとなる。そこで，この場合のB国を「敗者国」と
いう。なお，この振分けルールは所得の受領者のみならず，所得の支払者
にも適用されると解され，いずれの国の居住者が支払者であるかが重要と
なる規定（たとえば配当所得条項）に基づく課税権の分配ルールにも影響
を及ぼすことになる[46]。

　また，振分けルールの適用によって居住者でないとされるのはあくまで
も租税条約上のものであり，その適用によって国内法上の居住者でなくな
るまでの効果はない[47]。そこで，国内法上の居住者に適用される国内法の
規定は引き続き適用されることになる。ここで問題となるのは，敗者国で

---

[45] C4 -23参照。

[46] 源泉地国課税を認めるためのソースルールとして支払者基準が採用される場合，二重居住者
による支払について，複数の国で源泉地国課税がなされる可能性がある。そのような二重居住
者の問題については，Kees van Raad, Dual residence, European Taxation, 1988/8, pp.241-246
に詳しい。

[47] これに対して，租税条約上で居住者に該当しないとされる者は国内法上も居住者には該当し
ない旨の国内法の特別の定めがある場合には，国内法上も居住者には該当しないことになる。

も国内法上の居住者としての地位を保持することから，その国が第三国との間で締結する租税条約の適用を受けられるのではないかということである。

たとえば，Ｂ国で設立された法人ＸがＡ国の国内で実質的に経営される場合，Ｘはそれぞれの国内法に基づいて二重居住者となり得る。これにＡＢ条約が適用され，仮に実質経営地基準によって振分けがなされるとすれば，ＸはＢ国ではなくＡ国の居住者として取り扱われる。さらに，Ｘが第三国であるＣ国で生じた投資所得を受領する場合，敗者国であるＢ国においては，居住地国としての課税が認められないのみならず，ＡＢ条約7条（または21条）の適用[48]により，当該所得がＢ国内のPEに帰属するものでない限り，源泉地国としての課税も認められない。

問題はＣ国における源泉地国課税である。仮にＡＣ条約がない場合，あるいはＢＣ条約がＡＣ条約よりもＸにとって有利な内容である場合，ＸはなおＢ国の国内法上の居住者として，ＢＣ条約の適用を受けることができるか。

1つの考え方として，ＢＣ条約を単独でみた場合，ＸはＢ国の国内法上の居住者であることから，租税条約の適用要件を満たすとも考えられる。これはＢＣ条約の適用に当たっては，ＡＢ条約の振分けルールは無関係であるという立場である（振分けルールの相対効説）。もう1つの考え方として，ＡＢ条約のもとで敗者国となるＢ国は，Ｘに対して居住地国として課税する権限はＡ国との関係で失われており，ＸはもはやＢ国において「包括的な課税に服する者」には該当しないことから，租税条約上の居住者ではないとも考えられる。これはＢＣ条約の適用にあたっても，ＡＢ条約の振分けルールを考慮すべきという立場である（振分けルールの絶対効説）。

ＯＥＣＤは絶対効を認める立場を採用する[49]。この立場によると，敗者国

48　投資所得条項ではなく7条（または21条）が適用されることについては，第4章参照。

42 第2章 総則規定（1条〜4条）

であるB国が締結するすべての租税条約との関係でXはB国の居住者に該当することはないものとされ，BC条約も適用されないことになる。このことから，法人であると個人であると問わず，複数の国の居住者となる可能性がある場合には，ある租税条約の適用について検討するにあたっては，あらかじめ関係するすべての租税条約における居住者の振分けルールを確認することが必要となる。

---

49 C4-8.2参照。
　これに反対する立場として，Kees van Raad, 2008 OECD Model: Operation and Effect of Article 4 (1) in Dual Residence Issues under the Updated Commentary, 63 Bulletin for International Taxation 5 (2009), pp.187-190がある。

第**3**章

事業所得
（7条，5条，8条）

44　第3章　事業所得（7条，5条，8条）

1　はじめに

　租税条約は，不動産所得（6条）からその他所得（21条）まで，所得の性質に応じて適用される条文を区分しており，それぞれに異なる課税権の分配ルールを定めている。なかでも事業者にとって重要となるのは事業所得（7条）であり，具体的には，源泉地国における課税の有無であるといえる。

　この点，事業所得に対する源泉地国課税については，歴史的な沿革に基づき「PEなくして課税なし」と呼ばれる原則がある[1]。これは自国の国内で事業活動を行う非居住者について，どのようなレベルで事業活動を行う場合にも源泉地国として課税するのでは納税者にとって負担が過重となるほか，国としても行政の煩雑さを生じさせることから，課税をするための基準（閾値）として国内に一定の基盤を有していることを求めることをいう。そのような一定の基盤があるかを恒久的施設（Permanent Establishment, PE）の有無によって判断することになる。

　このPEの概念は機能的なものであり，必ずしも物理的な施設にとどまらず，一定の権限をもつ代理人を有する場合もPEを有するものとみなされる。また，PEの有無は，事業所得に対する源泉地国課税を認めるための要件としての意義があるほか，投資所得（利子，配当，使用料）などが同時に事業所得にも該当する場合に，いずれの条文が適用されるかという条文相互間の関係を判断する上でも重要となる。

1　C7-11参照。
　なお，事業所得に対する源泉地国課税の基準の意義について論じたものとして，Brian J. Arnold, Threshold requirements for taxing business profits under tax treaties, 57 Bulletin for International Taxation 10 (2003), pp.476-492がある。

このように，PEは租税条約において独特かつ重要な意味をもつものであり，なかでも事業所得について検討する際にあわせてPEについて検討することが必要不可欠であることから，PEについて規定する5条は事業所得について規定する7条とあわせて本章で取り上げる。

46　第3章　事業所得（7条，5条，8条）

2 事業所得（7条）

（1）基本ルール

> 1．Profits of an enterprise of a Contracting State shall be taxable only in that State unless the enterprise carries on business in the other Contracting State through a permanent establishment situated therein. If the enterprise carries on business as aforesaid, the profits that are attributable to the permanent establishment in accordance with the provisions of paragraph 2 may be taxed in that other State.

> 1　一方の締約国の企業の利得に対しては，その企業が他方の締約国内にある<u>恒久的施設を通じて当該他方の締約国内において事業を行わない限り</u>，<u>当該一方の締約国</u>（注：居住地国）<u>においてのみ租税を課することができる</u>。一方の締約国の企業が他方の締約国内にある恒久的施設を通じて当該他方の締約国内において事業を行う場合には，2の規定により<u>当該恒久的施設に帰せられる利得に対しては</u>，<u>当該他方の締約国</u>（注：源泉地国）において租税を課することができる。

　いずれかの締約国の居住者が得る企業の利得（事業所得）に対しては，その居住地国のみが課税できる。ただし，その者が相手国（源泉地国）の国内にPEを有している場合には，源泉地国でも課税することが認められる。このことから，事業所得については，「PEなければ課税なし」という

原則が言われている。

さらに，7条1項後段は源泉地国課税の範囲を制限しており，課税が認められるのはPEに帰属する事業所得に限られる。これにより，国内法によればPEがある場合にはその国で生じたすべての所得に課税がなされるとしても，租税条約ではそのような課税は認められないことになる[2]。たとえば，A国法人がB国の国内で商品を販売する場合，B国の国内PEを通じての販売より生じる所得は当該PEに帰属するものとしてB国で課税することが認められるが，A国からの直接販売より生じる所得は当該PEに帰属するものではなく，たとえ国内法上は課税の対象になり得るとしても，租税条約上はB国で課税することが認められない。

事業所得が自国の国内PEに帰属すると認められる限りは，その所得が生じたのが自国の国内であるかどうかにかかわらず，すなわち第三国で生じたものであっても居住地国で生じたものであっても，源泉地国（PE国）として課税することが認められる。これに対して，居住地国では，たとえ所得が自国の国内で生じた場合であっても，PE国において課税が認められる範囲で二重課税の排除が義務付けられることになる[3]。なお，本書では，所得が生じたのがPEの所在地とは異なる場合，その所得が生じた国を（本来の意味での）源泉地国といい，PEの所在地国については，同じく（居住地国に対する関係では）源泉地国であるものの，本来の源泉地国と区別して「PE国」という。

また，7条は「企業の利得」（事業所得）に適用されるが，これについて明確な定義はなされていない。もっとも，その通常の意味から，企業の事業活動から生じる収益が広くこれに含まれるものと解されている[4]。この

2　C7-12参照。

3　居住地国が同時に本来の源泉地国としての課税も認められる立場である場合，どの範囲で二重課税を排除すべきかが問題となる。この点については，仮に居住地国が源泉地国であり，PE国が居住地国とした場合に租税条約に従って源泉地国課税が認められる範囲で，PE国が税額控除等を認めることで居住地国の課税権を確保することが相当であるといえる。第4章の注25参照。

点，大陸法系の国内法では，企業が稼得する所得については，その所得の内容が能動的であるか受動的であるかにかかわらず，また，それが譲渡収益（キャピタルゲイン）であるかどうかにかかわらず，特に課税上は区別しないことが多い。これに対して，英米法系の国内法では，受動的な投資所得や譲渡収益が能動的な事業所得と区別されている場合があり，その場合，これらの所得は租税条約上も事業所得条項の適用対象にはならないと解釈する余地がある[5]。ただし，後述のとおり，他の所得条項（不動産所得条項を除く）が適用される場合にも，PEに帰属する所得については7条に戻って同条が適用されるべきことか，あるいは7条と同様にPE基準が適用されるべきことが定められており，多くの場合には7条が直接適用される場合と結論において相違はないことになる[6]。

（2）PEに帰属する所得

2. For the purposes of this Article and Article [23 A] [23 B],
the profits that are attributable in each Contracting State to the
permanent establishment referred to in paragraph 1 are the

4　C 7 - 71, Vogel Art. 7 58-63参照。

　　なお，「企業の利得」の意義について分析したものとして，Kees van Raad, The term
'enterprise' in the Model Double Tax Conventions – seventy years of confusion, 22 Intertax
11 (1994), pp.491-504がある。

5　しかしながら，この点は，実際の租税条約において，事業所得について国内法上の定義を参
照することが特に明示されていなければ，コメンタリーを含めた租税条約の文脈による解釈と
して，広く企業の事業活動から生じる収益は事業所得に該当すると解することが合理的であり，
受動的な投資所得や譲渡収益はこれに含まれないとする解釈は排斥されるべきと考えられる。

6　もっとも，仮に何が「事業」であるかについて国内法上の定義を参照することが認められる
余地があるとすれば，事業所得の該当性のみならず，そもそもPEの有無について見解が異なる
ことになる可能性がある。たとえば，支店について受動的な投資所得や譲渡収益のみが帰属す
る場合，国内法上の定義に従ってこれらの所得を稼得するための活動は事業に該当しないとす
れば，当該支店は租税条約上も「事業を行う場所」ではなく，PEには該当しないと解釈する余
地が生じる。John F. Avery Jones, et al., Treaty Conflicts in Categorizing Income as Business
Profits Caused by Differences in Approach between Common Law and Civil Law, 57 Bulletin
for International Taxation 6 (2003), pp.237-248参照。

　　このような解釈を避けるためには，租税条約の文脈による解釈として，企業の活動は広く事
業に該当すると解すべきであり，それに反する解釈は合理的でないというべきである。

profits it might be expected to make, in particular in its dealings with other parts of the enterprise, if it were a separate and independent enterprise engaged in the same or similar activities under the same or similar conditions, taking into account the functions performed, assets used and risks assumed by the enterprise through the permanent establishment and through the other parts of the enterprise.

2　この条及び第23条（A）（B）の規定の適用上，各締約国において1に規定する恒久的施設に帰せられる利得は，企業が当該恒久的施設及び当該企業の他の構成部分を通じて果たす<u>機能</u>，<u>使用する資産及び引き受けるリスク</u>を考慮した上で，当該恒久的施設が同一又は類似の条件で同一又は類似の活動を行う①<u>分離し，かつ，独立した企業であるとしたならば</u>，特に当該企業の他の構成部分との取引においても，②<u>当該恒久的施設が取得したとみられる利得</u>とする。

　PEを有すると認められる場合，次に問題となるのは，PEに帰属する所得の計算方法である。これについては，いわゆる機能分析に基づき，経済的な観点から，企業全体（general enterprise）の中でPEが果たしている機能（役割），PEにおいて使用されている資産，PEにおいて管理されているリスクを踏まえて，PEが「独立した企業であれば有したであろう所得」が帰属することになる[7]。これはAOA（Authorized OECD Approach）と呼ばれる手法（独立企業アプローチ）であり，その実質は移転価格税制における独立企業原則に従った関連企業間の適正な収益の配分に相当するものである[8]。その適用にあたっては，PEの帰属所得に関する報告書[9]に

7　C7－15参照。
8　C7－16参照。

50 第3章 事業所得（7条，5条，8条）

沿って検討することが必要とされている[10]。具体的には，次の2つのステップからなる[11]。

ステップ1　PEを独立企業とみなす

　まず，PEが独立した企業であるとみなした上で，当該PEの果たしている機能について分析する[12]。すなわち，開発，製造，販売といった事業活動における機能のうち，どの機能がPEによって果たされているかを検討する。その際に重視すべき要素として，当該機能を果たす上で重要となる人員がPEに属する者であるかを検討する。その上で，PEが果たす機能に応じて，PEに帰属する資産（経済的所有権の所在）やPEの管理下にあるリスク（リスクの配分）が決定され，それに応じて適正な資本も配賦されることになる。

　さらに，以上のとおりの手順で独立企業とみなされるPEは，企業全体の内部において他の部分と取引をするものとみなされ，いわゆる内部取引（典型的には本支店間取引）の認識が必要となる[13]。たとえば，本店から支店に資金の移動がなされる場合，支店は独立した事業者として，企業内部において本店との間で金銭の貸借取引（借入れ）をするものとみなす。これにより，PEでは内部取引から生じる支払利子を認識することになる。なお，かかる内部取引から実際に企業に損益が生じるものではなく，これはあくまでもPEに帰属する所得の計算に用いられるだけであり，企業全体の収益には影響しない[14]。

9　OECD Report: The Attribution of profits to permanent establishments – Parts I-IV（2010）
10　C7-19参照。
11　C7-20参照。
12　C7-21参照。
13　C7-24参照。
14　C7-28参照。

ステップ２　適正な対価を設定する

次に，以上のとおり独立した企業とみなされるPEは第三者との間で外部取引を行うほか，企業全体の他の部分との間で内部取引を行うものであることから，これに係る適正な対価を設定することが必要となる[15]。すなわち，独立企業としてのPEにおいては内部取引から適正な費用および収益が生じるものとされており，機能分析の結果を踏まえた上で，移転価格ガイドライン[16]に沿って内部取引に係る適正な取引価額を設定することが必要となる。これにより，PEに帰属すべき所得が決定されることになる。

この点，PEに帰属すべき所得について，実際にどのように費用控除を認めて課税所得を算出するかについては，居住地国と源泉地国（PE国）がそれぞれの立場で国内法に基づいて計算することになる[17]。居住地国としても，外国税額控除を採用する場合，その額を計算するためにPEに帰属する収益を算出する必要がある[18]。

なお，法的な観点からは，PEは独立した法人格を有するものではなく，内部取引に係る「契約」は本来存在しないのであるが，あたかも契約が存在するかのように考えることが必要であり，内部取引であるとはいえ，適正な対価であることを明確にしておくためには，企業内部における契約書に準じた文書の作成（文書化）が重要になる[19]。

以下では，具体例として，PEにおいて企業全体の他の部分との内部取引が擬制される仕入取引，卸売取引，固定資産の取得に係る取引，固定資

15　C 7 - 22参照。

16　OECD Transfer Pricing Guidelines for Multinational Enterprises and Tax Administrations

17　C 7 - 30～32参照。ただし，PE国においては，PE無差別条項（24条3項）に基づいて，たとえば居住者に認められる費用控除についてはPEにも同様に認めることが必要となる。C 7 - 33参照。

18　C 7 - 27参照。

19　C 7 - 25，26参照。

52　第3章　事業所得（7条，5条，8条）

産の譲渡に係る取引について述べる[20]。

①　仕入取引

　製造及び販売事業を営むA国法人がA国内で商品を製造し，B国内の販売拠点（PE）で商品を販売する場合，商品はA国からB国に輸入されることになる。この際，法的な観点からは企業内部での商品の移動であるが，PEに帰属する所得の算定にあたっては，PEは独立した企業（販売事業者）であるとみなされ，適正な対価での仕入取引を擬制する必要がある。その上で，PEは第三者に商品を販売することになり，その販売価額と適正な仕入価額との差額がPEに帰属すべき所得となる。

②　販売取引

　①の例とは異なり，A国法人がB国内の工場（PE）で商品を製造し，A国内の販売拠点で商品を販売する場合，商品はB国からA国に輸出されることになる。この際も，法的な観点からは企業内部での商品の移動に過ぎないのであるが，PEに帰属する利益の算定に当たっては，PEは独立した企業（製造事業者）であるとみなされ，適正な対価での販売取引を擬制する必要がある。これにより，製造原価と適正な販売価額との差額がPEに帰属すべき所得となる。

　なお，その後，A国法人は第三者に商品を販売することになるが，B国のPEにおいては，第三者に販売する前に，輸出がなされた時点で売上が計上されるべきことになる。したがって，企業全体では所得がないにもかかわらず，PEには所得が生じるということが起こり得る。AOAの考え方は，企業全体の所得をPEに配分するものではなく，PE独自の所得を算定

20　具体例につき，Raffaele Russo, Tax Treatment of "Dealings" Between Different Parts of the Same Enterprise under Article 7 of the OECD Model: Almost a Century of Uncertainty, 58 Bulletin for International Taxation 10 (2004), pp.472-485参照。

② 事業所得（7条）　53

するものである[21]。この点は2010年のモデル条約改正前の文言上は疑義があったところである[22]が，2010年改正によって明確化された。

③　固定資産の取得

A国法人が取得した固定資産をB国内のPEに移動させる場合，通常はPEを買主とする売買取引が擬制されることになる。したがって，企業全体としては外部からの取得価額をもって減価償却費の計算をすることになるが，PEにおいては，内部取引の時点での適正な売買価額をもって減価償却費の計算をすべきことになる。その後，当該資産を第三者に売却した場合には，企業全体とPEとで異なる簿価をもとに譲渡損益の計算をすべきことになる。

これに対して，当該資産が非常に特殊なものであり，独立企業であれば売買ではなく賃貸借によって資産を使用すると認められる場合には，売買取引ではなく賃貸借取引が擬制されることになると解される[23]。この場合，PEにおいては減価償却費ではなく適正額の賃料を計上すべきことになる。

④　固定資産の譲渡

③の例とは異なり，B国内のPEが外部から取得した固定資産をB国の

21　C 7 -17参照。

22　Kees van Raad, The 1977 OECD Model Convention and Commentary – Selected suggestions for amendment of the Articles 7 and 5, 19 Intertax 11 (1991), pp.497-502, at p.498参照。

23　企業内部における固定資産の移動につき，賃貸借取引の擬制が問題となった裁判例として，Cudd Pressure Control Inc. v. Her Majesty the Queen, Tax Court of Canada (29 May 1995) がある。この裁判例では，問題となった租税条約の事業所得条項はPEに帰属する利益についてAOAの考え方を採用しておらず，実際には企業全体では生じていない内部費用（擬制された賃貸借取引から生じる賃料）の控除の可否は国内法に基づいて解釈されるとして，結論として賃料の控除は認められなかったが，AOAのもとでは賃貸借取引の擬制による賃料の控除が認められる余地があると考えられる。

　なお，この裁判例を踏まえて，旧 7 条のもとでの内部費用控除について論じたものとして，Kees van Raad, Deemed Expenses of a Permanent Establishment under Article 7 of the OECD Model, 28 Intertax 6/7 (2000), pp. 253-258がある。

54 第3章 事業所得（7条，5条，8条）

国外に移動させた場合，PEを売主とする売買取引が擬制されることになる。この場合，当該資産をＡ国法人が第三者に売却したかどうかを問わず，内部取引の時点でPEにおいて譲渡損益を計上すべきことになる[24]。

（3）新旧7条の相違

7条については，2010年のモデル条約改正によって大幅な改正がなされており，なかでも重要な改正点として，ＡＯＡが採用され，PEに帰属する所得の計算方法が明確化されたことが挙げられる。旧7条においても独立企業原則が適用されることは示されていたものの，具体的な計算方法が明らかではなく，各国で異なる計算方法が用いられることで二重課税が生じる可能性があった。新7条のもとでは，具体的な計算方法が明確にされたことにより，各国で統一的な計算がなされることが期待され，そこにＡＯＡの意義があるといえる。

ところで，モデル条約が改正されても実際の租税条約が改正されるわけではなく，その改正には長い年月を要することが多い。そこで，実際の租税条約においては，改正後の新7条ではなく，改正前の旧7条が用いられていることも多い。コメンタリーも通常は改正前のものは削除されるが，その重要性に鑑みて旧7条のものは存置されている。旧7条が適用される場合，ＡＯＡが直接適用されることはないものの，その背景にある独立企業原則は共通するものであり[25]，旧7条の解釈にあたっても，ＡＯＡの考え方は参考になると考えられる。

ただし，重要な相違点として，内部取引から生じる費用について，ＡＯＡでは基本的にすべての費用はPEにおいて控除の対象とされる[26]が，旧7条では実際に企業全体で生じている費用である必要があるとされてい

24　7条に従ってPE国がこれに課税することは13条の規定によっても否定されるものではない。C13-10参照。

25　C旧7-14参照。

26　C7-34参照。

る[27]。また，AOAでは基本的にすべての内部取引に係る対価には利益相当を上乗せ（マークアップ）すべきとされる[28]が，旧7条ではマークアップしない実費の配分がなされる場合がある[29]。具体的な相違点は，次のとおりである。

① 内部利子の取扱い

企業内部で資金の移動がなされる場合，旧7条では，内部における金銭貸借取引は一般に認識されず，したがって支払利子が認識されることもなく，利子相当をPEが費用として控除することは認められない[30]。ただし，外部からの借入れに係る利子については，PEに関連した借入れである限り，実費を配分することが認められる[31]。

これに対して，AOAでは，内部における資金移動であっても金銭貸借取引を認識することが求められ，PEにおいて利子相当の費用を控除することが認められる。また，AOAでは，外部からの借入れに係る利子については，実費をそのまま配分するのではなく，独立企業原則に基づいた調整が必要になる。

② 内部使用料の取扱い

同様に，企業内部で知的財産の使用がなされる場合，旧7条では，その使用に係る内部取引は認識されず，PEが使用料相当を費用控除することは認められない。もっとも，知的財産の開発や維持に係る費用についての実費配分は認められる[32]。

これに対して，AOAでは，知的財産の使用に係る内部取引も認識され，

27　C旧7-27参照。
28　C7-40参照。
29　C旧7-31，32参照。
30　C旧7-41参照。
31　C旧7-43参照。
32　C旧7-34参照。

56 第3章 事業所得（7条，5条，8条）

PEにおいて使用料相当の費用を控除することが認められる。

③ **資産が移動された場合の取扱い**

企業内部で固定資産の移転がなされる場合，旧7条では，単に費用（減価償却費など）の配分がなされるのみである[33]。

これに対して，AOAでは，独立企業原則に基づいた対価（売買代金または賃料）の設定が求められる。

なお，固定資産ではなく棚卸資産が移転される場合は，旧7条でもAOAでも，独立企業原則に基づいた対価（売買代金）の設定が求められる。

④ **一般管理費の取扱い**

企業内部で何らかの役務提供がなされる場合，旧7条では，それが個別のサービスとしてなされるものではなく，企業全体で一般に共通してなされるもの（たとえば共通で使用するシステムの提供など）であれば，単に実費の配分がなされるのみである[34]。これに対して，それが固有のサービスであれば，旧7条でもマークアップした対価（役務提供料）の設定が求められる[35]。

これに対して，AOAでは，その役務提供が一般に共通してなされるものであるか固有のものであるかを問わず，独立企業原則に基づいた対価（役務提供料）の設定が求められる。ただし，一般に共通してなされるサービスについては，それが費用分担契約に基づいてなされるのが合理的

---

[33] C旧7−33参照。

[34] C旧7−37参照。

なお，旧7条のもとで一般管理費の費用控除について論じたものとして，Edwin van der Bruggen, About the Deductibility of Head Office Expenses: A commentary on Art. 7 (3) of the OECD Model, the UN Model and Alternative Provisions Adopted in Tax Treaty Practic, 30 Intertax 8/9 (2002), pp.270-284がある。

[35] C旧7−36参照。

と考えられる場合には，実費による費用の配分が認められるものと解される。

（4）対応的調整

　居住地国や源泉地国（PE国）のいずれか一方でPEに帰属する所得の調整がなされる場合，両締約国でPEに帰属する所得が異なるとすれば，適切に二重課税が排除されない可能性がある。そのような場合に機能するのが3項である[36]。これによると，いずれかの締約国がPEに帰属する所得を調整し，相手国がそれをAOAに適合するものとして正当と認める場合，その国は当該調整を受け入れて，対応的調整をすること（当初の調整によって増額された所得に相当する分を減額調整すること）が求められる。ただし，この規定については，実際に機能する場面はそれほど多くないと解されている[37]。

　具体的にこの規定が機能する場面としては，PEに帰属する利益の計算に当たって，納税者がAOAに適合しない方法を採用しており，これをいずれかの国が調整した場合において，①AOAに適合すると認められる方法（たとえば資本の配賦に関する方法）が複数あるとき，あるいは，②相手国において調整すべき理由がないとき（国内法上で減額調整が認められていないとき）である。このような場合，当初の調整がAOAに適合する方法（の1つ）でなされる限りは，相手国としては，たとえAOAに適合する別の方法を採用するものであったとしても，あるいは国内法上で減額調整が認められていないとしても，二重課税を排除するのに必要な範囲で対応的調整をすることが求められる[38]。

　これに対して，相手国が当初の調整をAOAに適合するものとは認めな

36　C 7 –48参照。

37　C 7 –50参照。

38　C 7 –53参照。

58　第3章　事業所得（7条，5条，8条）

い場合には，対応的調整が義務付けられるわけではなく，この場合は相互
協議（あるいは仲裁）によって解決が図られ得るにとどまる[39]。また，そ
もそも所得の計算方法についての国内法の規定（たとえば費用控除に関す
る規定）が異なり，それによってPEの課税所得が異なることに起因する
二重課税の問題については，7条3項の対象外とされている[40]。

（5）他の条文との相互関係

> 4．Where profits include items of income which are dealt with
> separately in other Articles of this Convention, then the provisions
> of those Articles shall not be affected by the provisions of this
> Article.

> 4　他の条で別個に取り扱われている種類の所得，利得又は収益が企
> 業の利得に含まれる場合には，当該他の条の規定は，この条の規定
> によって影響されることはない。

　すでに述べたとおり，企業の事業活動から生じる収益が広く事業所得に
含まれるものと解され，あらゆる種類の所得が事業所得に該当し得ること
から，事業者が稼得する所得については，他の特定の種類の所得に該当す
ると同時に，事業所得にも該当するということがあり得る。そこで，4項
では，そのような場合に，他に適用対象となる特定の所得条項があれば，
一般法に対する特別法の関係と同様，特定の所得条項が優先することが定
められている。
　また，特定の所得条項で取り扱われている種類の所得に定義上該当する
としても，その所得条項に関する適用要件を検討した結果，要件を満たさ

39　C7-56参照。
40　C7-66参照。

ずに適用対象外となる場合（具体的には二国間射程[41]を満たさない場合）も，7条に戻って同条が適用されることになると解されている[42]。

さらに，特定の所得条項の適用要件を満たす場合でも，所得の受領者が源泉地国の国内にPEを有しており，当該所得が当該PEに帰属する場合は7条が適用されるべきことが個別に定められていることが通常である（例外として，不動産所得条項）。このことから，すでに述べたとおり，ある国が国内法によって事業所得の定義から投資所得や譲渡収益を除外しており，事業所得条項の適用対象にはならないと解する余地があったとしても，それらがPEに帰属する限りは7条の適用対象になり，統一的な結論が導かれることになる。

41　二国間射程については，第4章参照。

42　本書は，基本的には，この伝統的な見解による。これに対して，6条と7条と21条の相互関係を整合的に説明するため，特定の所得条項で取り扱われている種類の所得の定義に合致するにもかかわらず，その適用要件を満たさずに適用対象外となる場合（二国間射程を満たさない場合）には，7条に戻るのではなく，より包括的な規定である21条が適用されるべきとする見解がある。Alexander Rust, Situs Principle v. Permanent Establishment Principle in International Tax Law, 56 Bulletin for International Taxation 1（2002）, pp.15-18参照。傾聴すべき見解であり，以下では，この見解について「新しい見解」として言及する。

60　第3章　事業所得（7条，5条，8条）

3 恒久的施設[43]（5条）

（1）物理的PE[44]（Physical PE）

> 1．For the purposes of this Convention, the term "permanent establishment" means a fixed place of business through which the business of an enterprise is wholly or partly carried on.

> 1　この条約の適用上，「恒久的施設」とは，事業を行う②③一定の①場所であって（⑤その場所を通じて）企業が⑥その事業の全部又は一部を行っている（④自己の場所である）ものをいう。

　租税条約には様々な種類のPEが定められているが，その中でも基本となるのが物理的な事業の場所である物理的PEである。ある場所が物理的PEであると認められるためには，次の要件をすべて充足する必要がある。なお，2項では物理的PEに該当するものが例示的に列挙されているが，列挙されていても1項の要件を満たさなければPEには該当しない[45]。逆に，要件を満たせば列挙されていなくてもPEに該当する。その意味で2項は意義に乏しいものといえる[46]。

43　恒久的施設に係る解釈上の問題全般について，Jacques Sasseville and Arvid A. Skaar, General Report: Is there a Permanent Establishment?, Cahiers de droit fiscal international, Vol. 94a（IFA, 2009），pp.17-63参照。

44　事業所PEなどといわれることもあるが，本書では「物理的PE」の用語によった。

45　C5－45参照。

③ 恒久的施設（5条） 61

＜PEに該当するための要件＞

```
①  事業を行う「場所」であること
②  その場所が地理的に「一定」していること
③  その場所が時間的に「一定」していること
④  自己の場所であること
⑤  その場所を「通じて」
⑥  自己の事業が行われること
```

① 事業を行う「場所」であること

　この要件は広く解釈されており，事業活動のために使用される一定の物理的なスペースがあれば十分であるとされている[47]。たとえ僅少なスペースであってもよく，極端な例ではサーバー機器を設置するスペースであっても事業を行う場所に該当し得ると解されている[48]。

② その場所が地理的に「一定」していること

　事業の場所は特定の地理的な地点とつながりを有している必要がある[49]。すなわち，地面に固定されている必要まではないものの，地理的に一定の場所を維持している必要がある。問題となるのは，その事業の性質上，移動を頻繁に繰り返す場合（移動型の店舗，オフィスなど）である。この場合，そのような事業の性質に照らして，1つの特定の地点にはとどまらないものの，商業上の観点からも地理的な観点からも全体として一体的なものと評価できる限りにおいては，複数の地点を包括して一定の場所におけ

46　仮に2項に列挙されているものについて「PEに該当するものとみなす」という効果があると考えれば意義があると解されるが，そのような見解は一般的ではない。Jacques Sasseville and Arvid A. Skaar・前掲注（43）p.31参照。
47　C 5 -10参照。
48　C 5 -123参照。
49　C 5 -21参照。

62 第3章　事業所得（7条，5条，8条）

る事業であると考えることができるとされている[50]。

③　その場所が時間的に「一定」していること

　事業の場所は一時的に存続するものではなく，ある程度の期間存続するものであることが必要である[51]。概括的なルールとして，6か月間存続するものであるかという基準が用いられることがあるとされているが，事業の性質によっては，6か月未満の短期間であることをもって直ちに要件が否定されるわけではない[52]。たとえば，短期間であっても，事業が反復して継続される性質のものであるか[53]，あるいは事業が専業としてなされるものであるか[54]といった要素も考慮する必要がある。

　なお，一時的に事業が中断したとしても，それによってPEが消滅するわけではないと解されている[55]。また，仮に当初は短期の予定であったものが事後的に長期になった場合，期間を遡ってPEに該当するものと解されており，逆に当初は長期の予定であったものが事後的に短期になったとしてもPEであった事実が消滅するわけではないと解されている[56]。さらに，PEに該当することを人為的に回避するため，複数の関連当事者で期間を分けて事業活動を行った場合，これらは合算して期間計算されるべきとされる[57]。

50　Ｃ5－22参照。
　　なお，商業上の観点からも地理的な観点からも全体として一体的な事業と評価できるかについての具体例として，Ｃ5－23～25参照。
51　Ｃ5－28参照。
52　短期間の事業であってもPEが認められた裁判例として，Fugro Engineers BV v. Assistant Commissioner of Income-tax, The Indian Income Tax Appellate Tribunal（29 of August 2008）がある。
53　Ｃ5－29参照。
54　Ｃ5－30参照。
55　Ｃ5－32参照。
56　Ｃ5－34参照。
57　Ｃ5－33参照。

④ 自己の場所であること

　この要件は条文に明確に規定されているわけではないものの，PEに該当するためには自己の場所と認められることが当然に必要であり，そのためには，その場所を自己が管理支配していること（典型的には占有していること）が必要であると解されている[58]。実効的に管理支配していれば足りることから，所有権や賃借権といった法的な権利関係を有することは不要であり，その場所を事実上占有するものであれば仮にそれが違法なものであっても要件は満たされるが，管理支配があると認められるためには，その場所の反復継続的な使用が必要であり，一時的，付随的な使用では不十分である[59]。

　問題となりやすいのは，関係者や取引先などの他人の事業場（あるいは住居）の中に自己の事業のための場所が確保されている場合である[60]。この場合も，当該場所が自己の事業の場所といえるためには，実際にその場所を一定の期間継続して実効的に管理支配していると認められることが必要であると解される。

　この点，7項では，企業間に一定の支配関係が認められるからといって，直ちに被支配者の事業場が支配者にとっての事業の場所に該当するわけではないことが明確にされている。たとえば，親会社が相手国に子会社を有する場合，親会社が子会社を実質的に経営しているとしても，子会社の事業所が直ちに親会社の事業所に該当するわけではない。子会社の事業場（の一部）を親会社が自ら管理支配し，そこで自己の事業を行っているといえる場合に限り，親会社が自己の事業の場所を有すると認められることになる[61]。

58　C 5 -11参照。
59　C 5 -12参照。
　なお，自己の場所であるといえるかについての具体例として，C 5 -14～17参照。
60　他人の事業場の中に自己の事業の場所があるかどうかが争われた裁判例として，Knights of Columbus v. Her Majesty the Queen, Tax Court of Canada (16 May 2008) がある。
61　C 5 -115, 116参照。

64 第3章 事業所得（7条，5条，8条）

　また，従業員が自らの住居で雇用主のために事業（の一部）を行う場合，そのような住居がいわゆるホームオフィスとして雇用主の事業の場所に該当するかということが問題となる。これについては，そのようなホームオフィスが一時的，付随的な使用がなされるにとどまるものであれば，雇用主の事業の場所にはなり得ないと解されているが，それが継続的に使用されるものであり，かつ，その住居の使用を雇用主が命じたものであることが明らかな場合（たとえば，事業の性質上，一定の場所が必要であるにもかかわらず，そのような場所を雇用主が提供しないような場合）には，雇用主の事業の場所となり得ると解されている[62]。

⑤　その場所を「通じて」

　この要件は広く解釈されており，その場所で事業活動（の一部）が遂行されていれば十分とされる[63]。文言上はその場所を「通じて」(through which) 事業が行われることが必要とされているが，実際の意味としては，その場所「で」(at which) 事業が行われることに近いものと解される。

⑥　自己の事業が行われること

　その場所で自己の事業が行われることが必要である[64]。事業といえるためには，単に一時的なものではなく，反復継続的な活動である必要がある。ただし，必ずしも当該活動から利益が生じなくてもよく[65]，また，実際の活動は従業員ではなく業務委託の受託者が行うものでもよく[66]，さらには人が常駐する必要もないとされる[67]。たとえば，自動で作動する機械装置（自動販売機やサーバー機器等）であっても，その設置されている場所に

62　C5-18参照。
63　C5-20参照。
64　C5-35参照。
65　C5-7 参照。
66　C5-40参照。
67　C5-127参照。

おいて事業が行われるということができる[68]。ただし，そのような人的機能を欠いている場合には，そこで果たされている機能は重要であると評価することはできず，PEが認められるとしても，これに帰属すべき所得は少ないものになることが多いと解される[69]。

さらに，注意すべき点として，賃貸業においては，賃貸の目的物そのものは自己の事業が行われる場所とはならない[70]。たとえば，不動産賃貸業において，賃貸物件である不動産は単なる賃貸の目的物であることが通常であり，当該不動産において自らの事業が行われるとはいえない。この場合，当該不動産から得られる所得が不動産所得に該当するとは認められても，当該不動産がPEに該当するものとは認められない[71]。

（2）事業PE[72]（Project PE）

> 3. A building site or construction or installation project constitutes a permanent establishment only if it lasts more than twelve months.

> 3　建築工事現場又は建設若しくは据付けの工事については，これらの工事現場又は工事が12か月を超える期間存続する場合には，恒久的施設を構成するものとする。

特定の事業については，その事業が12か月間を超えて存続することを要件として，PEに該当するものとされる。そのような事業の対象には，建

68　C 5 -41参照。

69　PEの帰属所得に関する報告書（前掲注9）パラ66参照。

70　C 5 -36参照。

71　Vogel Art.6 8参照。

72　建設（作業）PEなどといわれることもあるが，実際には建設のみならず，機械装置の据付け工事なども含まれることから，本書では「事業PE」の用語による。

66 第3章 事業所得（7条，5条，8条）

物・構築物等の建設や機械装置の設置に係る事業が含まれる[73]。これらの事業の存続期間が12か月以下の場合には，たとえ事業に付随してオフィスなどの物理的なPEが存していたとしても，PEは認められないと解されている[74]。

　この点，事業PEと物理的PEとの一般的な関係につき，事業PEは物理的PEの一形態であり，PEが認められるためには1項に加えて3項の要件を充足する必要があるとする見解のほか，事業PEは物理的PEとは別個独立したPEであり，3項の要件の充足のみを考えればよいという見解があり得る[75]。しかしながら，3項の文言（only if）からすれば，これはPEが認められる場面を限定するものであることが明らかであり，その前提として物理的PEの要件を充足する必要がある（つまり前者の見解が相当である）というべきである[76]。この見解によると，12か月を超えて継続する事業であっても，1項の要件を満たさない場合にはPEが認められないことになる。もっとも，12か月を超えて継続する事業の場合，通常は1項の要件を満たすことになると考えられることから，実際には，これらの見解で結論に生じる場面は少ないものと思われる[77]。

　また，期間の計算に当たっては，1つの事業ごとに12か月間存続するか

---

[73] C5-50参照。

[74] C5-49参照。

[75] Jacques Sasseville and Arvid A. Skaar・前掲注（43）p.45参照。

[76] Hans Pijl・後掲注（80）332頁，333頁参照。

[77] 事業は12か月を超えて継続するものの，1項の要件を満たさないという場面が生じる可能性があるとすれば，一連の事業ではあるものの，それが全く異なる複数の場所で短期間ずつなされる必要があり，それが合計で12か月を超えるような場合である。そのような場合，事業の場所が「一定」といえるかどうかに疑義が生じる。もっとも，「一定」の要件は事業の性質に照らして判断するとされており（C5-22参照），場所を移動する必要がある性質を有する事業の場合，一連の事業を包括して一つの事業とみることが認められている（C5-57参照）ことからすれば，そのような事業について12か月の継続性の要件を満たす場合，通常は「一定」の要件も満たすことになると考えられる。
　さらにいえば，事業PEの場合には，「一定」の要件が「12か月を超える期間存続する」という要件に置き換わると解する余地もあると考えられる。Hans Pijl, The Relationship between Article 5, Paragraphs 1 and 3 of the OECD Model Convention, 33 Intertax 4 (2005), pp. 189-193参照。

3 恒久的施設（5条） 67

を判断するが，契約が複数ある場合や作業現場が複数ある場合，それらが商業上の観点からも地理的な観点からも一体的なものと評価できれば，全体が1つの事業であると判断されることになる[78]。計算に入れられる期間として，現地での準備活動も含まれ，仮に作業の下請けがなされたとしても，元請事業者は現場を管理支配することが通常であり，その期間計算に当たっては，下請事業者による作業期間も通算される[79]。さらに，途中で悪天候や資材・人員不足等による一時的な中断があったとしても，中断期間は通算される[80]。

なお，実際の租税条約においては，12か月という期間は短縮される場合もあれば，逆に伸長される場合もある。いずれにしても，定められた一定の期間存続するものであるかどうかが重要となる。

（3） 代理人PE[81]（Agency PE）

---

5. Notwithstanding the provisions of paragraphs 1 and 2 but subject to the provisions of paragraph 6, where a person is acting in a Contracting State on behalf of an enterprise and, in doing so, habitually concludes contracts, or habitually plays the principal role leading to the conclusion of contracts that are routinely concluded without material modification by the enterprise, and these contracts are

---

78 C 5 −51参照。
79 C 5 −54参照。
80 C 5 −55参照。
　　なお，中断期間の通算について論じたものとして，Hans Pijl, Interruptions in Building site PEs to be Interpreted under the Limited Inclusion Theory, 67 Bulletin for International Taxation 7 （2013），pp.331-343がある。
81 実際には代理人がPEになるのではなく，代理人によって一定の活動がなされる場合にPEを有するとみなされることになる。その意味では，「代理PE」と呼ぶことも考えられる。また，そのような代理人には法的な意味での代理人のみならず，受託者，役員，従業員，組合員等も含まれることから，より広く「人的PE」と呼ぶことも考えられる。しかしながら，本書では，表現のわかりやすさから，「代理人PE」の用語による。

68 第3章 事業所得（7条，5条，8条）

a）in the name of the enterprise, or

b）for the transfer of the ownership of, or for the granting of the right to use, property owned by that enterprise or that the enterprise has the right to use, or

c）for the provision of services by that enterprise,

that enterprise shall be deemed to have a permanent establishment in that State in respect of any activities which that person undertakes for the enterprise, unless the activities of such person are limited to those mentioned in paragraph 4 which, if exercised through a fixed place of business (other than a fixed place of business to which paragraph 4.1 would apply), would not make this fixed place of business a permanent establishment under the provisions of that paragraph.

5　1及び2の規定にかかわらず，④6（注：独立代理人）の規定が適用される場合を除くほか，①一方の締約国内において企業に代わって行動する者（注：代理人）が，そのように行動するに当たり，②反復して契約を締結し，又は反復して当該企業によって重要な修正が行われることなく日常的に締結される契約の締結のために主要な役割を果たす（注：交渉等の重要部分を行う）場合において，③これらの契約が次の（a）から（c）までの規定のいずれかに該当するときは，当該企業は，その者が当該企業のために行う全ての活動について，当該一方の締約国内に恒久的施設を有するものとする。ただし，その者の活動が4に規定する活動（4.1の適用がないような事業を行う一定の場所で行われたとしても，4の規定により当該一定の場所が恒久的施設であるものとされないようなもの）のみである

場合は，この限りでない。

(a) 当該企業の名において締結される契約（注：本人が当事者となる契約）

(b) 当該企業が所有し，又は使用の権利を有する財産について，所有権を移転し，又は使用の権利を付与するための契約（注：本人の所有物等を移転することを内容とする契約）

(c) 当該企業による役務の提供のための契約（注：本人が役務提供することを内容とする契約）

　企業は，物理的な拠点を有することなく，自己のために活動する代理人[82]を通じて事業活動を行うことが可能である。そのような場合でも，その国の国内で事業活動がなされることは同様であり，たとえ物理的な拠点がないとしても，一定の要件を満たした代理人をその国の国内に有する場合には，PEを有するものとされる[83]。この場合，代理人の活動を通じて得られる本人の所得について，その国が源泉地国として課税することが認められるが，その所得の計算方法は，当然，AOAに従う必要がある[84]。そこで，代理人PEに帰属すべき所得の計算にあたっては，代理人の活動を通じて得られた収入から代理人に支払われるべき報酬相当額が費用として控除されることになる[85]。その上で，代理人に支払われるべき報酬については，当該代理人を納税義務者として別途課税がなされることになる。

　代理人PEの要件は次のとおりであり，これらの要件をすべて満たす場合，代理人PEが認められることになる[86]。

82　注81でも述べたとおり，法的な意味での代理人のみならず，受託者，役員，従業員，組合員等も含まれるが，本書では，表現のわかりやすさから，これらを含む広い意味で「代理人」と呼ぶことにする。

83　C5-82参照。

84　C5-101参照。

70　第3章　事業所得（7条，5条，8条）

① 本人のために活動する者であること

　代理人は自然人のみならず法人であってもよく，本人の事業活動に関与し，本人のために活動する者であれば，法的な意味での代理人のほか，受託者，役員，従業員，組合員等もこの要件を満たす[87]。なお，代理人自身がその国の居住者である必要はなく，その国の国内に物理的な拠点を有する必要もない。

② 反復して契約を締結するか，反復して契約の締結のための主要な役割を果たす（交渉等の重要部分を行う）こと

　代理人は，本人を代理して契約を締結する者であるか，あるいは，本人が直接契約を締結するものの，そのための主要な役割を果たす者であることが必要とされる。主要な役割を果たすというのは，契約の締結そのものは行わないものの，代理人の活動がそのまま契約の締結につながるような場合をいうものと解され，具体的には，代理人が契約の締結に向けた交渉等の重要部分を行い，その結果が特段の修正をされることなく本人によって受け入れられ，契約の締結に至ることが常態化している場合が該当する[88]。

85　代理人PEに帰属すべき所得は代理人が本人のために果たしている機能を踏まえて算定される。そして，そのような機能を果たしている代理人には適正な対価の支払が求められることから，代理人が従業員ではなく，独立した事業者である場合，収入から費用（代理人に対する報酬）を控除した残額である所得は少なくなることが多いと解される。そのような場合には代理人PEに帰属すべき所得はないという見解（"single taxpayer approach"）もあるが，OECDはそのような見解を否定している。PEの帰属所得に関する報告書（前掲注9）パラ230−239参照。
　なお，この問題について詳細に検討したものとして，Hans Pijl, The Zero Sum Game, the emperor's beard and the authorized OECD approach, 46 European Taxation 1 (2006), pp.29-35がある。
　また，代理人PEに帰属すべき所得について争われた裁判例を踏まえて，OECDの見解について論じたものとして，Hans Pijl, Morgan Stanley: Issues regarding Permanent Establishments and Profit Attribution in Light of the OECD view, 62 Bulletin for International Taxation 5 (2008), pp.174-182がある。

86　C 5 −84，85参照。
87　C 5 −86参照。
88　C 5 −88参照。

③ 恒久的施設（5条） 71

　この点，2017年のモデル条約改正前の文言では，代理人には契約を締結する権限が必要とされており，2017年改正によって代理人PEに該当し得る場面が拡張された。従来の文言では，実質的な合意に至るまでの交渉を代理する権限を有しており，実質的な合意に至るまでの交渉が代理人によってなされ，事実上本人がその合意に従って契約を締結することになるものの，形式的には，あるいは法的には契約締結の代理権は与えられておらず，正式な署名は本人がすることになっていた場合，要件を充足するかどうかに疑義があり，それが租税回避行為に利用されるおそれがあった。そこで，2017年改正により，代理人が契約の締結のための主要な役割を果たす（交渉等の重要部分を行う）場合も要件を満たすことが明確に定められた。

　なお，これらの代理行為は一時的なものでは不十分であり，反復継続してなされるものであることが必要である。どの程度の継続性が必要であるかについては，事業の性質に応じて異なることになるが，基本的な考え方としては，物理的PEが認められるために事業の場所が一定の期間存続することが求められていたことと共通するものといえる[89]。

③　契約が一定のものに該当すること

　対象となるのは，(i)本人が当事者となる契約，(ii)本人の所有物等を移転することを内容とする契約，(iii)本人が役務提供することを内容とする契約である。

　この点についても，従前は本人が当事者となる契約のみが対象とされていたものが2017年改正によって拡張された。従前の文言では，たとえば，問屋契約（commissionaire agreement）を用いて，代理人が当事者となって自らの名で契約を締結する場合，経済的な観点からは本人が直接契約す

89　C 5 - 98参照。

72 第3章 事業所得（7条，5条，8条）

るのと同様であるにもかかわらず，法的な観点からは本人が契約の当事者になるものではないとして，要件を充足するかどうかに疑義があった[90]。そこで，2017年改正により，法形式としては代理人が当事者になる契約であっても，その内容が本人からの権利移転や役務提供を内容とするものである場合も要件を充足することが明確に定められた[91]。

なお，これとは区別されるものとして，企業から商品を仕入れて第三者に販売する者，あるいは第三者から委託された業務を企業に再委託して役務提供する者がある。これらは自らの事業として自己のために契約の当事者となるのであり，それが同時に当該企業の利益になるものであるとしても，当該企業のために活動する者とはいえない。また，締結される契約も自己の所有物等を移転すること，あるいは自己が役務提供することを内容とするものである。そこで，いずれにしても代理人PEが認められるための要件は充足しないと考えられる[92]。

④ **独立代理人としての除外要件を充足しないこと**

以上の要件をすべて満たしたとしても，さらに，代理人が本人に従属しておらず，独立した立場で活動する者（独立代理人）として6項で定められた除外要件を充足する場合，代理人PEの範囲から除かれることになる。

---

90 この点，裁判例（Zimmer事件など）では，あくまでも法的な観点から判断すべきとの立場が取られていたが，OECDにおいては，経済的な観点から判断して要件の充足を考えるべきとの見解が示されていた（OECD Discussion draft on the Interpretation and Application of Article 5 (Permanent Establishment) (2012), item19参照）。Zimmer事件については，Bruno Gouthiere, Zimmer: "Commissionaire" Agent Is Not a Permanent Establishment, 50 European Taxation 8 (2010), pp.350-358参照。

なお，この要件に関連して，大陸法系と英米法系の法体系の相違に起因して生じる解釈上の問題について論じたものとして，Sidney I. Roberts, The Agency Element of Permanent Establishment: The OECD Commentaries from the Civil Law View, 48 European Taxation 3 (2008), pp.107-113がある。

また，Commissionaire Agreementについて論じたものとして，Jim Momsen, Double Tax Agreements: Commissionaire Agreements, Tax Analysis, 1997/04, pp.185-192がある。

91 C5-91，92参照。

92 C5-96参照。

③ 恒久的施設（5条） 73

　なお，2017年改正によって5項の要件を満たす場面が従前よりも拡張したことから，代理人PEが認められるかを判断するにあたっては，6項の要件について検討することがより重要になるものと考えられる[93]。

6．Paragraph 5 shall not apply where the person acting in a Contracting State on behalf of an enterprise of the other Contracting State carries on business in the first-mentioned State as an independent agent and acts for the enterprise in the ordinary course of that business. Where, however, a person acts exclusively or almost exclusively on behalf of one or more enterprises to which it is closely related, that person shall not be considered to be an independent agent within the meaning of this paragraph with respect to any such enterprise.

6　5の規定は，一方の締約国内において他方の締約国の企業に代わって行動する者が，当該一方の締約国内において(i)独立の代理人として事業を行う場合において，(ii)当該企業のために通常の方法で当該事業を行うときは，適用しない。(iii)ただし，その者は，専ら又は主として一又は二以上の自己と密接に関連する企業に代わって行動する場合には，当該企業について，この規定する独立の代理人とはされない。

　代理人について5項の①ないし③の要件をすべて満たす場合であっても，

93　たとえば，American Income Life Insurance Company v. Her Majesty the Queen, Tax Court of Canada（16 May 2008）では，生命保険会社の代理店について，契約締結の代理権を有していないことを理由に5項の要件を満たさないと判断されているが，このような事例では，2017年改正後は，5項の要件を満たすと解される可能性がある。ただし，この裁判例では，仮に5項の要件を満たすとしても，独立代理人として6項の要件を満たすことから，いずれにしても代理人PEは認められないと判断された。

74 第3章 事業所得（7条，5条，8条）

それが6項の定める要件に該当する独立代理人であると認められれば，代理人PEから除外される[94]。独立代理人と認められるための前提として，代理人は本人とは別個の事業者としての立場で活動する者である必要があり，たとえば，従業員や組合員などは本人とは別個の事業者としての立場で活動する者ではないことから，独立代理人とはなり得ない[95]。

　本人とは別個の事業者としての立場で活動する代理人がさらに独立代理人と認められるためには，以下の要件をすべて充足する必要がある。

(i)　独立性を有すること

　独立性を判断するにあたっては，法的な観点からの独立性と経済的な観点からの独立性を検討する必要がある[96]。法的な独立性については，本人からの指示や管理監督に関する権限の程度および内容が考慮される[97]。また，経済的な独立性については，専属性は1つの考慮要素になるものの，それが決定的な要素になるわけではなく，事業に係るリスクを代理人がどの程度負担するものであるか，どのように報酬が決定されるかといった要素を踏まえて総合的に判断される[98]。ただし，専属性が長期にわたって継続するような場合には，経済的な独立性が認められることは難しいと解される[99]。また，後述のとおり，密接関連企業との間で専属関係にある場合には，その事実をもって独立代理人の該当性は否定されることになる。

　なお，代理人が子会社である場合など，本人との間に一定の支配関係が認められるとしても，そのことをもって直ちに独立性が否定されるわけで

94　5項と6項の関係を詳細に論じたものとして，Hans Pijl, Agency Permanent Establishments: in the name of and the Relationship between Article 5 (5) and (6) – Part I・II, 67 Bulletin for International Taxation 1・2 (2013), pp. 3-25・pp.62-97がある。

95　C 5 –103参照。
　　なお，ある者が従業員であるか独立事業者であるかの区別については，15条における議論が参照される。

96　C 5 –104参照。

97　C 5 –106参照。

98　C 5 –109参照。

99　C 5 –111参照。

はない[100]。もっとも，親会社のほかに特に取引先がないなど，親会社に対する専属性が認められる場合には，やはり独立代理人には該当しないことになる。

(ii) 通常事業として活動すること

代理人は，通常事業として本人のために活動することが必要であり，通常事業とは関連しない活動を（言わば特別に）本人のために行う場合には，この要件は満たされない[101]。たとえば，通常は商品の仕入販売のみを行っている者が特定の企業のために販売代理の業務を行うとすれば，それは通常業務として活動するものであるとはいえず，要件は満たされないことになる。

(iii) 専属的に密接関連企業のために活動するものでないこと

以上の要件を満たすとしても，代理人が主に特定の密接関連企業のために活動するものであり，それが専属的であるといえる場合には，たとえ一定の独立性が認められるものであったとしても，なおそのような特殊な関係があることをもって独立代理人の該当性は否定される。

専属的であるかどうかについては，密接関連企業以外の者との間の取引が代理人の事業の重要な一部を占めるかどうかによって判断される[102]。たとえば，密接関連企業以外の者との間の取引が事業全体の10％未満であるような場合には，それは代理人の事業の重要な一部を占めるものとはいえず，密接関連企業のために専属的に活動するものと判断されることになる。

また，ここでいう密接関連性については，８項に定義がなされており，一方による他方の支配関係，あるいは共通の者による支配関係が認められるかによって判断される。支配関係が認められるかは事実関係に即して実

100　C 5 -105参照。
101　C 5 -110参照。
102　C 5 -112参照。

76　第3章　事業所得（7条，5条，8条）

質的に判断される[103]。また，そのような実質的な判断のほか，50％を超える利害関係を直接または間接に保有する関係があれば，当然に支配関係があると認められることになる[104]。

（4）準備的・補助的活動の例外

4．Notwithstanding the preceding provisions of this Article, the term "permanent establishment" shall be deemed not to include:

(a) the use of facilities solely for the purpose of storage, display or delivery of goods or merchandise belonging to the enterprise;

(b) the maintenance of a stock of goods or merchandise belonging to the enterprise solely for the purpose of storage, display or delivery;

(c) the maintenance of a stock of goods or merchandise belonging to the enterprise solely for the purpose of processing by another enterprise;

(d) the maintenance of a fixed place of business solely for the purpose of purchasing goods or merchandise or of collecting information, for the enterprise;

(e) the maintenance of a fixed place of business solely for the purpose of carrying on, for the enterprise, any other activity;

(f) the maintenance of a fixed place of business solely for any combination of activities mentioned in subparagraphs (a) to (e), provided that such activity or, in the case of subparagraph (f), the overall activity of the fixed place of business, is of a

---

103　C 5 – 120参照。
104　C 5 – 121参照。

preparatory or auxiliary character.

4　1から3までの規定にかかわらず，①次の活動を行う場合は，「恒久的施設」に当たらないものとする。②ただし，その活動（（f）の規定に該当する場合には，（f）に規定する事業を行う一定の場所における活動の全体）が準備的又は補助的な性格のものである場合に限る。

(a)　企業に属する物品又は商品の保管，展示又は引渡しのためにのみ施設を使用すること。

(b)　企業に属する物品又は商品の在庫を保管，展示又は引渡しのためにのみ保有すること。

(c)　企業に属する物品又は商品の在庫を他の企業による加工のためにのみ保有すること。

(d)　企業のために物品若しくは商品を購入し，又は情報を収集することのみを目的として，事業を行う一定の場所を保有すること。

(e)　企業のためにその他の活動を行うことのみを目的として，事業を行う一定の場所を保有すること。

(f)　(a)から(e)までに規定する活動を組み合わせた活動を行うことのみを目的として，事業を行う一定の場所を保有すること。

　以上の物理的PE，事業PE，代理人PEに共通して，それぞれのPEが認められるための要件をすべて満たしたとしても，その活動内容が準備的，補助的なものにとどまる場合は，例外的にPEには該当しないものとされる[105]。

　条文の定め方としては，(a)から(d)までの各号において準備的，補

105　C5－58参照。

助的なものと考えられる活動が個別に例示列挙された上で，（e）において
その他の活動が包括されており，（f）においてこれらの活動が組み合わ
された場合が定められている。PEの要件を満たすとしても，これらの列
挙された活動のみを行う場合（要件①）で，かつ，その活動が実質的な観
点からみても準備的または補助的なものと認められるとき（要件②）に，
PEから除外されることになる。

　この点，2017年改正前の文言上は（a）から（d）までの各号について，
その定める活動に形式的に該当する場合，実質的な観点からみて準備的ま
たは補助的なものとはいえないときでもPEから除外されるかということ
に疑義があった。たとえば，商品を保管するための倉庫につき，その倉庫
からの配送が事業の重要な一部を占めているような場合であっても，形式
的には商品保管のための倉庫である以上はPEから除外されると解される
余地があった。このことが租税回避行為に利用されるおそれがあったこと
から，2017年改正により，個別に列挙されている活動のみを行う場合で
あっても，その活動が実質的な観点から準備的または補助的なものとはい
えない場合はPEから除外されないことが明確に定められた。

　ある活動がどのような場合に準備的または補助的なものといえるかにつ
いては，事業全体からみた当該活動の必要性，重要性の程度が考慮され
る[106]。一般に，準備的活動は主たる活動に先行してなされる（相対的に短
期間でなされる）性質のものであり，補助的活動は主たる事業に付随する
（それほどの規模の資産や人員を要するものではない）性質のものであり，
いずれにしても相対的な重要性の程度は低いものといえる[107]。

　また，（a）から（e）までの各号に列挙されているのは，あくまでも自
己のためになされる活動であり，他人のためになされる活動は含まれず，

106　C 5 −59参照。
107　C 5 −60参照。

③　恒久的施設（5条）　79

他人のための活動が行われる場合はPEからは除外されない[108]。たとえば，専ら輸送のために使用される固定設備が物理的PEの要件を満たすとして，それが単に企業内部の物品輸送目的で使用される場合は，自己のための補助的な使用であるとしてPEから除かれると考えられる。これに対して，それが輸送事業者によって顧客からの受託物を輸送するために使用される場合は，まさに主たる事業の一部を構成するものとしてPEからは除かれないと考えられる[109]。

　さらに，このPE除外規定については，ある事業活動が準備的または補助的な性質を超えることで要件を満たさなくなる（つまりPEが認められる）ことを避けるため，敢えて事業活動を複数に分けることで要件を充足させようとする租税回避行為（fragmentation）が考えられる。これに対応するための規定が4.1項であり，2017年改正によって導入された[110]。

4.1.　Paragraph 4 shall not apply to a fixed place of business that is used or maintained by an enterprise if the same enterprise or a closely related enterprise carries on business activities at the same place or at another place in the same Contracting State and

(a) that place or other place constitutes a permanent establishment for the enterprise or the closely related enterprise under the provisions of this Article, or

(b) the overall activity resulting from the combination of the activities carried on by the two enterprises at the same place, or by the same enterprise or closely related enterprises at the two places, is not of a preparatory or auxiliary character,

---

108　C 5 −61参照。
109　C 5 −64参照。
110　C 5 −79参照。

80 第3章 事業所得（7条，5条，8条）

provided that the business activities carried on by the two enterprises at the same place, or by the same enterprise or closely related enterprises at the two places, constitute complementary functions that are part of a cohesive business operation.

4.1　4の規定は，①事業を行う一定の場所を使用し，若しくは保有する（注：PEとなり得る一定の場所を有する）企業又は当該企業と密接に関連する企業が当該一定の場所（注：同じ場所）又は当該一定の場所が存在する締約国内の他の場所（注：同じ国内の別の場所）において事業活動を行う場合において，②次の（a）又は（b）の規定に該当するときは，当該一定の場所については，適用しない。③ただし，当該企業及び当該企業と密接に関連する企業が当該一定の場所において行う事業活動又は当該企業若しくは当該企業と密接に関連する企業が当該一定の場所及び当該他の場所において行う事業活動が，一体的な業務の一部として補完的な機能を果たす場合に限る。

（a）この条の規定に基づき，当該一定の場所又は当該他の場所が当該企業又は当該企業と密接に関連する企業の恒久的施設を構成すること（注：自己または密接関連企業がすでに国内にPEを有していること）。

（b）当該企業及び当該企業と密接に関連する企業が当該一定の場所において行う活動の組合せ又は当該企業若しくは当該企業と密接に関連する企業が当該一定の場所及び当該他の場所において行う活動の組合せによる活動の全体が準備的又は補助的な性格のものではないこと（注：自己または密接関連企業による国内での活動を組み合わせると全体として準備的または補助的とはいえないこと）。

　事業活動を複数に分けるやり方としては，一体的な事業活動を敢えて複数の異なる場所で行うことや密接関連企業に一部の事業活動を行わせるこ

とが考えられる。そのような場合，PEからの除外を認めるかどうかについては，これらの事業活動が全体として考慮されることになる。

　具体的には，ある事業活動を行う者またはその密接関連企業（その意義につき，前述参照）が同じ場所または同じ国内の異なる場所で別の事業活動を行っており（要件①），そのいずれかの場所が（PE除外要件を満たさずに）PEに該当する場合（つまり自己または密接関連企業が国内にすでにPEを有している場合），あるいは（PE除外要件を満たすことで）PEに該当しないとしてもこれらの事業活動が組み合わさることで全体として準備的または補助的なものとは認められない場合（要件②）であって，かつ，これらの事業活動が相互に補完しあう（それぞれが一体的な事業活動の一部を構成する）と認められるとき（要件③）には，PEからの除外は認められないことになる[111]。

(5) 役務PE（Service PE）

　モデル条約では，物理的PE，事業PE，代理人PEの三種類が定められているが，実際の租税条約では「役務PE」が追加的に定められることがある。その重要性に鑑みて，コメンタリーでも言及がなされている[112]。

　役務PEの規定は，役務提供のために源泉地国の国内に一定期間（たとえば183日以上）滞在する場合にPEを有するとみなすものである。そこで，実際の租税条約において役務PEが定められている場合には，役務提供から生じる事業所得について源泉地国課税が認められるかを判断するにあたっては，その国の国内法の規定のほか，租税条約で定められた役務PEの要件を確認することが重要となる。

---

[111]　具体例につき，C5−81参照。
[112]　C5−42.11〜48参照。
　　なお，役務PEの規定がコメンタリーに導入された際の議論を取り上げたものとして，Hans Pijl, The OECD Services Permanent Establishment Alternative, 48 European Taxation 9 (2008), pp. 472-476がある。

4 国際運輸（8条）

> 1. Profits of an enterprise of a Contracting State from the operation of ships or aircraft in international traffic shall be taxable only in that State.

> 1　一方の締約国の企業が船舶又は航空機を国際運輸に運用することによって取得する利得に対しては，当該一方の締約国（注：居住地国）においてのみ租税を課することができる。

　8条は，事業所得のうち国際運輸[113]に係る事業から生じる所得（国際運輸所得）についての特別の規定であり，7条に対する特則となる。船舶や飛行機を利用した運輸が国際的に営まれる場合，その性質上，所得が生じた場所（所得の源泉地）を特定することが困難である（物理的に航行するすべての場所が所得の源泉地となり得る）ことから，1つの国でのみ課税がなされることを確保するため，国際運輸所得については，居住地国に排他的な課税権が認められている[114]。
　なお，国際運輸所得の範囲として，国際運輸から直接生じる所得のみな

---

[113]　国際運輸の定義につき，3条1項（e）参照。
[114]　C 8-1参照。
　　　この点，2017年のモデル条約改正前は，居住地国ではなく，国際運輸事業の実質管理地国に排他的な課税権が認められていた。実質管理地国は，国際運輸事業という特定の事業に係る実質管理地を基準に判断するものであることから，事業者そのものの居住地国とは異なり得る。そこで，実際の租税条約で実質管理地基準が採用される場合，いずれか一方の国で事業の実質的な管理がなされていれば，その国にのみ課税権が認められ，たとえ他方の国が事業者の居住地国であったとしても課税権が否定されることになる。これに対して，実質的管理地がいずれの国にも存しない場合は8条の適用対象外であり，原則に戻って，7条に従って課税関係が判断されることになると解される。

らず，国際運輸と関連して生じる所得も含まれると解されている[115]。

---

115 Ｃ８－４参照。

第4章

投資所得
（10条～12条）

1 はじめに

　配当，利子，使用料（ロイヤルティ）といった投資所得については，事業所得とは異なり，源泉地国において必ずしも能動的な事業活動を伴わない受動的な所得であり得るという特性がある。そこで，基本的な課税権の分配ルールとして，能動的な事業活動を伴うことが通常である事業所得については，その所得がPEに帰属する限り，事業活動が実際になされる源泉地国において，特に制限なく課税することが認められているのに対して，より受動的な性質を有する投資所得については，一定のソースルールに基づいて源泉地国課税が認められ得るものの，その課税は相当程度制限され，居住地国により多くの課税権の分配がなされている。

　また，このように投資所得は受動的であり，かつ，流動性が高いという性質を有していることから，より有利な租税条約を求めて条約漁りをするなど，租税条約の濫用の対象になり易いものと解されてきた。そこで，投資所得については，源泉地国における課税の減免という恩恵を享受するためには，受益者要件を満たす必要があるとされている。

　さらに，投資所得については，二国間のみならず，三国間の課税関係が問題となることが多く，複数の租税条約の適用関係について判断する必要

1　三角事例としては，①居住地国，PE国，源泉地国がそれぞれ異なる事例，②二重居住者が所得の受領者または支払者となる事例などがあり得る。Kees van Raad, The 1992 OECD Model Treaty: Triangular Cases, 33 European Taxation 9 (1993), pp.298-301参照。本書でも，このような三角事例については，本章を含めた各章において折に触れて取り上げている。

　なお，三角事例における租税条約の適用関係が検討されたものとして，OECD Committee on Fiscal Affairs, "Triangular Cases," in Model Tax Convention: Four Related Studies (OECD, 1992), John F. Avery Jones and Catherine Bobbett, Triangular Treaty Problems: A Summary of the Discussionin Seminar E at the IFA Congress in London, 53 Bulletin for International Taxation 1 (1999), pp.16-20がある。

が生じる。このように三国間の課税関係が問題となる事例を三角事例[1] (triangular case) という。三角事例においては，関係する各国の国内法について検討した上で，関係する租税条約のうちのいずれが適用されるかを判断し，適用される租税条約のもとでの課税権の分配ルールに従って最終的な課税関係を判断することになる。

　以下では，これらの点に留意して，配当，利子，使用料の各所得条項について述べる。

88　第4章　投資所得（10条～12条）

2 配当（10条）[2]

（1）基本ルール

1. Dividends paid by a company which is a resident of a Contracting State to a resident of the other Contracting State may be taxed in that other State.

2. However, dividends paid by a company which is a resident of a Contracting State may also be taxed in that State according to the laws of that State, but if the beneficial owner of the dividends is a resident of the other Contracting State, the tax so charged shall not exceed:

a) 5 per cent of the gross amount of the dividends if the beneficial owner is a company which holds directly at least 25 per cent of the capital of the company paying the dividends throughout a 365 day period that includes the day of the payment of the dividend (…) ;

b) 15 per cent of the gross amount of the dividends in all other cases.

2　配当所得条項に係る解釈上の問題全般について，Stef van Weeghel, Dividends（Article 10 OECD Model Convention）, Chapter 5 of: Michael Lang, Source versus Residence（Kluwer Law International, 2008）, pp.63-73参照。

> 1 一方の締約国の居住者である法人が他方の締約国の居住者に支払う配当に対しては，当該他方の締約国（注：居住地国）において租税を課することができる。
>
> 2 一方の締約国（注：源泉地国）の居住者である法人が支払う配当に対しては，当該一方の締約国（注：源泉地国）においても，当該一方の締約国の法令に従って租税を課することができる。その租税の額は，当該配当の受益者が他方の締約国の居住者である場合には，次の額を超えないものとする。
>
> (a) 当該配当の受益者が，当該配当を支払う法人の資本の25パーセント以上を当該配当の支払日を含む365日間の期間（…）を通じて直接に所有する法人である場合には，当該配当の額の5パーセント
>
> (b) その他の全ての場合には，当該配当の額の15パーセント

すでに1条でみたとおり，租税条約が適用されるのは，いずれかの締約国の居住者が所得の受領者となる場合である。さらに，配当の場合，支払者である法人[3]が相手国（源泉地国）の居住者[4]であることが必要とされている[5]。そこで，10条は，配当について所得が生じた場所，源泉地についてのソースルールとして支払者基準を採用することを前提に，相手国の居住者である法人が配当の支払をする場合になされる源泉地国課税を制限するものとして適用されることになる。ここでの「支払」の意義については，非常に広い意味を持つとされており，実際に送金がなされたかどうかを問

---

3 法人の定義につき，3条1項 (b) 参照。

4 居住者の定義につき，4条1項参照。
　なお，配当の支払をする法人が二重居住者の場合，関係する租税条約の振分けルールによって勝者国とされる国の居住者として取り扱われる。C4 - 8.2参照。

5 C10 - 8参照。
　なお，支払者が法人ではない場合（たとえば，法人としては取り扱われない組合の場合），あるいは法人であるものの居住者には該当しない場合（たとえば，課税上の取扱いとして納税義務者とはされないパススルー事業体の場合）には，利益の分配（配当）がなされたとしても10条の適用対象とはならない。逆に，法人格を有しない事業体であっても，課税上の取扱いとして法人と同様に取り扱われる場合は，利益の分配に対して10条が適用され得る。

わず，何らかの形で株主に経済的利益が生じればよいとされている[6]。また，後述のとおり，何が「配当」に該当するかという租税条約上の配当の定義については，3項が定めている。

　いずれにせよ，10条が適用されるためには，配当の支払者と受領者がそれぞれの締約国の居住者であることが必要である。言い換えれば，両締約国が特定の二国であることが要件とされている。このように，ある所得条項が適用されるのが特定の二国間に限られることを二国間射程（bilateral scope）という。そこで，配当を支払う法人が第三国の居住者である場合（あるいは配当の受領者の居住地国と同じ国の居住者である場合）には，二国間射程を満たさず，10条は適されないことになる[7]。

　ある所得が租税条約上の配当の定義に該当するとしても，二国間射程を満たさずに10条が適用されない場合，配当の受領者が事業者であれば，その所得は事業所得として7条に戻って同条の適用対象となり，非事業者であればその他所得として21条の適用対象になると解される[8]。これにより，ある国が配当に対する源泉地国課税をするための国内法上のソースルールとして支払者基準以外のものを採用していたとしても，結果として多くの場合にそのような課税は否定されることになる。

　たとえば，A国法人Xが第三国であるC国法人Yから配当を受領する場合，その送金がB国の国内でなされるとすれば，国内送金基準によってB国が源泉地国課税をする可能性がある。この場合，租税条約においては，支払者基準による二国間射程を満たさないことから，AB条約10条は適用されない。そこで，AB条約7条が適用される結果，当該配当がXのB国内に有するPEに帰属するものでない限り，B国の課税権は否定されることになる。

6　C10-7，C10-28，Vogel Art.10 28参照。

7　Vogel Art.10 25参照。

8　Vogel Art.10 26, 137参照。

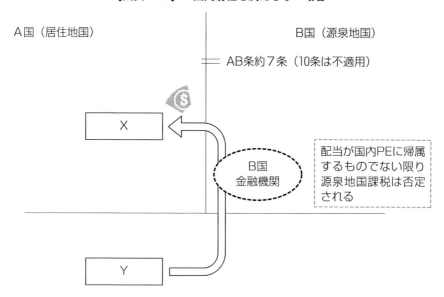

【図表 4-1】二国間射程を満たさない場合

　配当について二国間射程が満たされ、10条が適用される場合の基本ルールとして、1項は居住地国に課税権を認めている。これはいわば当然のことを規定したものであり、締約国間における課税権の分配ルールとしては、2項が重要となる。これによると、源泉地国でも課税が認められるものの、その税率について一定の制限がなされる。すなわち、配当を支払う法人の25％以上の資本[9]を365日間継続して[10]保有する法人[11]が配当を受領する場

9　一定の資本関係を有する法人間の配当の場合、配当に対する経済的二重課税の累積を排除する要請がより強く働くことから、通常よりも軽減された税率（資本参加税率）が適用される。ここでの資本とは、通常、その国の会社法上の資本をいい、資本準備金等は除かれる。また、25％以上であるかは、株式の種類は問わず、当該法人の貸借対照表上に記載されている金額をもとに判断される。以上につき、C10-15参照。
10　この要件は租税回避行為を防止するために2017年のモデル条約改正で設けられた。
11　従前は組合を除外する定めがあったが、組合であっても課税上の取扱いが法人と同じである場合には除外すべき理由はないことから、当該定めは2017年のモデル条約改正で削除された。C10-11参照。

92 第4章 投資所得（10条〜12条）

合は5％，それ以外の場合は15％が限度税率となる。

　限度税率の具体的な適用については，源泉地国の国内法によって異なる。源泉地国における課税の方法としては，通常，源泉徴収方式と申告納税方式があり，国内法によって定められる[12]。源泉徴収方式の場合，支払の総額（グロス金額）に対して一定の税率が適用されるが，その国内法上の適用税率が限度税率にまで制限される。支払の段階で適用される税率が租税条約上の限度税率に軽減されるのか，それともいったん国内法上の税率で源泉徴収された上で，限度税率との差額が事後的に還付されるのかも国内法による[13]。なお，国内法上の税率が租税条約上の限度税率を下回る場合は，通常，租税条約上の限度税率は適用されず，国内法上の税率が適用されることになる。

　これに対して，申告納税方式の場合，所得金額（ネット金額）に対して課される税額が支払の総額に限度税率を乗じて算出される額にまで制限される。たとえば，支払われる配当が100であり，これに対応する費用が30であるとすれば，その所得金額は70となる。これに適用される国内法の税率が30％であるとすれば，税額は21となる。これに租税条約の配当所得条項が適用される場合，その税額は支払の総額100に限度税率（5％または15％）を乗じた額（5または15）にまで制限されることになる。

　いずれにしても，10条は，居住地国課税のみならず，源泉地国課税も一定の限度で認めることから，このままでは二重課税が完全には排除されない。そこで，源泉地国課税が認められる範囲で居住地国において二重課税を排除することが求められることになる（23条参照）。

12　C10-18参照。
13　C10-19参照。

② 配当（10条） 93

（2）受益者要件[14]

　以上で述べた源泉地国課税の制限がなされるのは，配当の受領者が居住地国の居住者であることに加えて，その「受益者」が居住地国の居住者であることが必要である。配当の受領者は同時に受益者でもあることが通常であり，その場合には受益者要件は特に問題とならないが，仮に配当の受領者が受益者ではなく，実際の受益者は他国の居住者であると認められる場合には，源泉地国課税は制限されず，国内法に基づく課税が認められることになる。そこで，いかなる場合に配当の受領者について受益者性が否定されるかが重要となる。

　受益者要件が定められているのは，中間者を介在させたいわゆる導管取引に対して租税条約の恩恵を与えることを否定するためのものであるとされており，同要件を解釈するにあたっては，このような目的に照らして判断することが求められる[15]。そこで，具体的な基準として，配当の受領者がその使途について実質的な権限を有していない場合，すなわち，受け取った配当をそのまま他者に支払うことが義務付けられており，当該配当を自由に使用できる権限を有しない場合には，租税条約の恩恵を与えることはその目的に反するものであり，たとえその者が法的な意味で配当の受領者であっても受益者には該当せず，源泉地国課税の制限は適用されないと解される[16]。

14　受益者要件の意義について，J. David B. Oliver, et al., Beneficial ownership, 54 Bulletin for International Taxation 7 (2000), pp.310-325, Koichiro Yoshimura, Clarifying the Meaning of 'Beneficial Owner' in Tax Treaties, 72 Tax Notes International 47 (25 November 2013), pp.761-782参照。
15　C 10～12. 1～12. 3参照。
　　これに対して，もともと「受益者」の文言が導入された経緯および沿革に照らして，租税条約の濫用防止規定の1つとして受益者要件を位置付けることに疑問を呈するものとして，John F. Avery Jones, The Beneficial Ownership Concept Was Never Necessary in the Model, Chapter 20 of: M. Lang, et al., Beneficial Ownership: Recent Trends (IBFD, 2013), pp. 333-339がある。

94　第4章　投資所得（10条～12条）

　なお，これとは区別される問題として，課税上の観点から誰が配当の受領者（所得の帰属者）であると認められるかについては，各国の国内法に委ねられるものと解される[17]。このことから，1つの配当の支払について，複数の国において自国の居住者が受領者であると認められることもあり得る[18]。たとえば，B国法人からC国の居住者であるYに支払われた配当について，C国においては法的な観点からの受領者がYであるとされるが，これがA国の居住者Xとの間に形式的に介在するに過ぎない場合，A国においては課税上の観点からの受領者がXであるとみなされることもあり得る[19]。その場合，源泉地国であるB国としては，自らの判断でXとYのいずれが受領者（所得の帰属者）であるかを判断して，租税条約を適用することになる[20]。

　B国においてXが受領者であると判断される場合，Xは受益者に該当すると考えられることから，AB条約10条2項に従って源泉地国課税は制限されることになる。逆に，Yが受領者であると判断される場合は，Yは受益者に該当しないと考えられることから，YについてBC条約10条2項の制限が適用されないことはもちろん，実際の受益者であるXについても，

16　C10-12.4参照。
　　なお，受益者要件が問題となった裁判例として，以下のものがある。
　　① 配当の受益者性が問題となった裁判例として，Prévost Car Inc. v. Her Majesty the Queen, Federal Court of Appeal of Canada（26 February 2009）
　　② 利子の受益者性が問題となった裁判例として，Indofood International Finance Limited v. JPMorgan Chase Bank NA, London Branch, Court of Appeal of England and Wales（Civil Division）（2 March 2006）
　　③ 使用料の受益者性が問題となった裁判例として，Velco Canada Inc. v Her Majesty the Queen, Tax Court of Canada（24 February 2012）
17　Vogel Pre Arts 10-12 14参照。
18　この場合，本文で記述した問題のほか，2つの国で居住地国課税が競合することになるが，これは同一の所得についての異なる者に対する二重課税（経済的二重課税）の問題であり，通常，租税条約では解消されない。
19　ただし，中間に介在して配当を受領する者が導管法人のようなものではなく，代理人や単なる名義人である場合，多くの国の国内法では，これらの者にそもそも法的な（あるいは課税上の）観点からの配当の帰属は認められないことが通常であるといえる。この場合，配当の帰属者について受益者性が認められれば，租税条約の適用は認められることになる。C10-12.7参照。
20　ただし，租税条約上の「支払」は非常に広い意味を有するとされており（C10-7参照），XとYのいずれもが受領者であると考える余地もあるといえる。

配当の受領者とは認められず，AB条約の適用を受けることができない。結局，B国においては，国内法に基づく課税が認められることになる。

（3）配当の定義

> 3．The term "dividends" as used in this Article means income from shares, "jouissance" shares or "jouissance" rights, mining shares, founders' shares or other rights, not being debt-claims, participating in profits, as well as income from other corporate rights which is subjected to the same taxation treatment as income from shares by the laws of the State of which the company making the distribution is a resident.

> 3　この条において，「配当」とは，①株式，受益株式，鉱業株式，発起人株式（から生じる所得）②その他利得の分配を受ける権利（信用に係る債権を除く。）から生ずる所得及び③分配を行う法人が居住者とされる締約国（注：源泉地国）の租税に関する法令上株式から生ずる所得と同様に取り扱われるその他の企業に関する権利から生じる所得をいう。

　3項は，租税条約上の配当の定義を定めている。これによると，配当に該当する所得は次のとおりである。

① 　株式等から生じる所得
② 　その他の利益に参加する権利であって信用に係る債権以外のものから生じる所得
③ 　その他の企業に関する権利から生じる所得[21]であって源泉地国の法令によって株式からの所得と同様に取り扱われる所得

96 第4章 投資所得（10条～12条）

この定義によれば，法的な分類として，株式，持分といった「資本」から生じる所得については，国内法上の所得区分にかかわらず，租税条約上は配当として取り扱われる。そこで，株式であっても債券，社債といった「負債」に近い性質を有するもの，たとえば，利益非参加型（定率配当）の優先株式であり，かつ，一定期間の経過によって償還されるようなものに基づいて支払われる配当は実質的には利子と同様であり，国内法によっては課税上の取扱いとして利子に分類される可能性もあるが，それでも租税条約上は配当として取り扱われる。

これに対して，法的な分類として，債権として取り扱われる権利から生じる所得については，一定の場合に配当として取り扱われることになる。すなわち，企業に関する権利から生じる所得については，たとえ法的には利子であったとしても，源泉地国の国内法における課税上の取扱いが配当と同様であれば租税条約上も配当として取り扱われる。

この点，ある債権が「企業に関する権利」に該当するためには，一定の要件を満たす必要があると解されており，具体的には，当該企業における負債と資本の比率，債権者の利益参加の程度，償還に際しての他の権利者との優先劣後関係，利子の決定が利益に連動するかどうか，償還期限などの諸要素を総合して，債権者が実質的に企業リスクを負担するかを判断すべきとされる[22]。債権者が実質的に企業リスクを負担すると認められ，かつ，当該債権から生じる所得が国内法上で配当と同様に取り扱われる場合に租税条約上も配当として取り扱われることになる。債権者が実質的に企業リスクを負担しないと認められる場合には，企業に関する権利には該当

---

21 単に「他の所得」と訳されることがあるが，正確には「その他の企業に関する権利から生じる所得」（income from other corporate rights）である。

22 C10-25, Vogel Art.10 92参照。
　これに対して，企業に関する権利というのは，単に取引関係から生じる債権（売掛債権や給与債権など）を除外するものにすぎず，金銭貸借から生じる債権一般が企業に関する権利に該当するとの見解がある。Hans Pijl, Interest from Hybrid Debts in Tax Treaties, 65 Bulletin for international taxation 9（2011）, pp.482-502参照。

せず，たとえ国内法上は配当と同様に取り扱われるとしても，租税条約上は配当としては取り扱われず，利子として取り扱われる。

また，これとは逆に，債権者が実質的に企業リスクを負担しており，企業に関する権利に該当する場合であっても，国内法上で配当と同様に取り扱われないとすれば，租税条約上も配当としては取り扱われず，利子として取り扱われることになると解される[23]。

（4）PE条項

> 4．The provisions of paragraphs 1 and 2 shall not apply if the beneficial owner of the dividends, being a resident of a Contracting State, carries on business in the other Contracting State of which the company paying the dividends is a resident through a permanent establishment situated therein and the holding in respect of which the dividends are paid is effectively connected with such permanent establishment. In such case the provisions of Article 7 shall apply.

> 4　1から3までの規定は，一方の締約国の居住者である配当の受益者が，当該配当を支払う法人が居住者とされる他方の締約国内において当該他方の締約国内にある恒久的施設を通じて事業を行う場合（注：配当の受領者が源泉地国内にPEを有する場合）において，当該配当の支払の基因となった株式その他の持分が当該恒久的施設と実質的な関連を有するものであるとき（注：当該配当が当該PEに帰属するとき）は，適用しない。この場合には，第7条の規定を適用する。

配当所得が同時に事業所得にも該当する場合，7条4項によって特定の所得条項である10条が優先的に適用されるべきとされる。もっとも，さら

98　第4章　投資所得（10条〜12条）

に，配当所得の受領者が配当を支払う法人の所在地国（源泉地国）内に
PEを有しており，当該配当の支払の起因となった株式等が当該PEと実質
的な関連を有する場合（配当がPEに帰属する場合）は10条4項のPE条項
が適用され，10条ではなく7条が適用される。株式等がPEと実質的な関
連を有するかどうかは，AOA（7条）のもとで，PEがその株式等を経済
的に所有するものであると認められるかによって判断される[24]。

　このPE条項が適用される場合，源泉地国としては，10条による課税の制
限を受けることなく，7条に基づいて課税することが認められる。たとえ
ば，A国法人であるXがB国法人であるYから配当を受領する場合，当該
配当がXのB国内に有するPEに帰属するとすれば，B国としては，PEに
帰属する配当所得について，7条に基づいて課税すること（配当のグロス
総額に対する限度税率での課税ではなく，ネット所得に対する国内法上の
税率に基づく課税）が認められる。なお，Yが支払う配当に対して，仮に
B国の国内法に基づく源泉徴収がなされる場合には，XがPEに帰属する所
得を申告納税する際に源泉徴収税額の控除が認められるべきことになる。

23　この点，OECDの立場では，利子に係る債権者が実質的に企業リスクを負担する場合，当該
　利子については，租税条約上は配当として取り扱われるべきとの見解が示されている。C11-
　19参照。
　　ところが，法形式上は利子であるものが租税条約上で配当として取り扱われるためには，国
　内法上で配当と同様に取り扱われる必要があるというのが明文の定めである。そこで，利子に
　ついて，国内法上で配当と同様に取り扱われないにもかかわらず，租税条約上で配当として取
　り扱われることはない。
　　これらのことから導かれる結論として，当該利子には利子所得条項も配当所得条項も適用さ
　れず，その他所得条項が適用されると考える見解がある。John F. Avery Jones et al., The
　Definitions of Dividends and Interest in the OECD Model: Something Lost in Translation?, 1
　World Tax Journal 1 (2009), pp.5-45参照。
　　しかしながら，配当として取り扱われないのであれば，原則に戻って利子として取り扱われ，
　利子所得条項が適用されると考えるべきと思われる。OECDの立場も明確に利子所得条項の適
　用を否定するものとは解されない。
　　また，利子を配当として取り扱うために「企業に関する権利」に該当することを求めている
　のは，単に取引関係から生じる債権を除くためのものであるとの見解（Hans Pijl・前掲注22）
　によれば，債権者が実質的に企業リスクを負担するかどうかといった検討はそもそも不要であ
　り，法形式が利子であるものについて国内法上で配当として取り扱われないのであれば，当然
　に租税条約上も利子として取り扱い，利子所得条項が適用されるという結論になる。
24　C10-32.1参照。

【図表4-2】PE条項が適用される場合

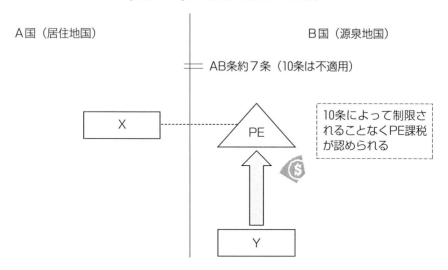

　なお，これとは別の例として，A国法人であるXが同じくA国法人であるYから配当を受領する場合，当該配当がXのB国内に有するPEに帰属することがある。この場合，PE条項の適用によるまでもなく，配当を支払う法人が配当の受領者と同じ国の居住者であることから，そもそも二国間射程を満たさず，10条の適用対象外となり，7条が適用されると考えられる。いずれにしても，B国としては，PEに帰属する配当所得については，7条に基づいて課税することが認められる[25]。

100 第4章 投資所得（10条〜12条）

【図表4-3】居住地国で生じた配当が源泉地国のPEに帰属する場合

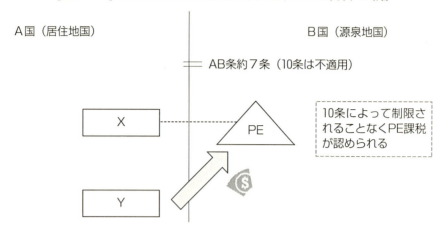

さらに事例を複雑にして，Ａ国法人であるＸがＣ国法人であるＹから配当を受領する場合，その配当がＸのＢ国内に有するPEに帰属する場合，租税条約はどのように適用されるか。すでに述べたとおり，このような三国間の課税関係が問題となる事例を三角事例という。仮に，配当に対する源泉徴収税率として，Ｃ国の国内法に基づけば20％，AB条約10条2項に

---

25 この場合，居住地国としては，自国の居住者が配当の支払をするものであることから，当該配当に関しては源泉地国としての立場も同時に有することになる。それを理由に10条による課税の制限が適用されるものでないことはもちろんであり，居住地国として制限を受けることなく配当に課税することが認められるが，問題はPE国との関係での二重課税の排除である。この点，PE国は7条に基づいて課税が認められるのであるから，居住地国としては二重課税を排除すべき義務がある。他方，居住地国は，本来であれば，源泉地国として一次的な課税権が認められるべき立場も同時に有するのであり，常にPE国に劣後するというのは妥当な結論とは考えられない。
そこで，仮に居住地国が源泉地国であり，PE国が居住地国とした場合に10条に従って源泉地国課税が認められる範囲で，PE国が税額控除等を認めることで居住地国の課税権を確保することが相当であるといえる。C23-9参照。
この点，コメンタリーでは理論的な根拠が示されていないが，24条3項を根拠にすることができると思われる。すなわち，PE国が24条3項に基づいてPEを自国の居住者であると仮定した場合に，当該PEに対して支払われる配当について，居住地国が源泉地国としての立場で課税が認められる範囲では，PE国において二重課税を排除することが義務付けられると解することができる。
なお，居住地国が外国税額控除方式ではなく国外所得免除方式を採用する場合には，なお問題が生じる。この場合には，居住地国が源泉地国の立場を同時に有する場合には免税の対象とならないことを明文で合意することが必要になると解される。C23-9.1参照。

基づけば15％，AC条約10条2項に基づけば10％，BC条約10条2項に基づけば5％であるとすれば，配当の源泉地国であるC国はどの税率で課税することが認められるか。

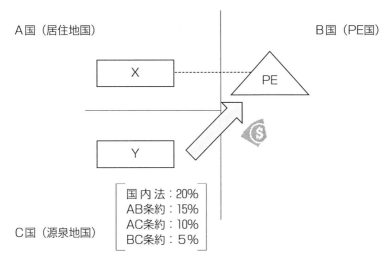

【図表4-4】居住地国・PE国・源泉地国が異なる三角事例

考え方として，まずは，関係する租税条約のうち，いずれの租税条約が適用されるかを検討する。関係する租税条約はAB条約，AC条約，BC条約であるが，租税条約が適用されるためには，その締約国の居住者が所得の受領者である必要がある。この例では所得の受領者はA国の居住者であることから，AB条約とAC条約が適用され，BC条約は基本的に適用されない。さらに，C国の課税権を制限するのはC国が締結する租税条約であり，AB条約はC国の課税権を制限するものではないことから，C国においてはAC条約の適用のみが問題となる。

AC条約が適用されるとして，さらに，いずれの所得条項が適用されるかを検討することになる。Xが受領する所得は配当所得であると同時に事業所得にも該当するが，7条4項によって特定の所得条項である10条が優

先的に適用される。そこで，10条の適用要件を検討すると，配当の支払者はC国の居住者であり，配当の受領者はA国の居住者であるから，二国間射程は満たされる。また，配当の受領者はC国の国内にPEを有するものではなく，PE条項の適用もない。したがって，C国においては，AC条約10条2項に基づき，源泉徴収税率が10％に制限されることになる。

　なお，以上はC国における課税関係であるが，PE国であるB国における課税関係についても検討する。B国においてはAB条約の適用が問題となる。AB条約10条の適用要件を検討すると，配当の支払者は第三国であるC国の居住者であることから，二国間射程を満たさない。したがって，B国においては，AB条約7条に基づき，B国の国内PEに帰属する配当所得に課税することが認められる。さらに，居住地国であるA国においては，B国とC国のそれぞれとの関係で，各国において源泉地国課税が認められる範囲で二重課税の排除が義務付けられることになる。

　以上とは異なる例として，A国法人であるX（B国内にPEは有しない）がC国法人であるYから配当を受領する場合，その配当の支払がYのB国内に有するPEによって負担されるとすれば，B国とC国はそれぞれ国内法に基づいて配当に対する源泉地国課税をすることが認められるか。

【図表4-5】 2つの源泉地国課税が競合する場合

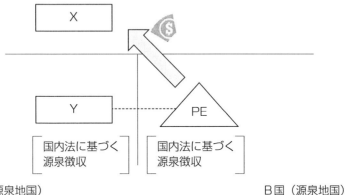

ここでも，まずは，いずれの租税条約が適用されるかを検討する。所得の受領者はA国の居住者であることから，AB条約とAC条約が適用される。C国においては，先ほどの例と同様，AC条約10条2項に基づいて一定の限度税率で課税が認められる。これに対して，B国においては，先ほどの例とは異なり，配当の支払者が国内にPEを有するものであり，配当の受領者が国内にPEを有するものではない。そこで，仮にB国が国内法によって支払者基準とは異なる基準で配当に対する源泉徴収課税をしようとしても，そのような課税はAB条約7条（または21条）[26]に基づいて否定されることになる。その結果，B国とC国の源泉地国課税の競合は解消されることになる。

では，AB条約が存在しない場合，B国は国内法に基づいて源泉地国課税することが認められるか。それが10条5項の適用場面である。

---

26 二国間射程を満たさないことから10条は適用されない。

104 第4章 投資所得（10条～12条）

（5）領域外課税の禁止

　租税条約は所得の受領者がいずれかの締約国の居住者である場合に適用され，なかでも10条は一般に両締約国の居住者間で配当の支払がなされる場合に適用されるものであるが，その例外として，5項は，支払をする法人の所在地国（本来の源泉地国）以外の国が本来の源泉地国の領域外で配当課税や留保所得課税（実質的な配当課税）をすることを禁止している。

　すなわち，国内法によっては，非居住者である法人のPEが自国内で所得を稼得したことを根拠として，当該所得を原資として配当がなされる際に，その株主に対して源泉地国課税することがあり得る。このような課税は，自国内で稼得された所得について租税条約で認められる課税（7条に基づくPE課税）の範囲を超えて課税するものであり，配当の支払をする法人の居住地国（当初稼得された所得についての居住地国）との間でさらなる二重課税を生じさせるものとして，租税条約では禁止されている[27]。この規定は源泉地国間の二重課税を排除するために機能するものであり，1条の規定にかかわらず，配当の受領者である株主が第三国の居住者であっても適用される例外的な規定である[28]。

　ただし，配当が自国内のPEから支払われるものの，当該配当が自国の居住者に支払われる場合は居住地国としての立場で課税することが認められ，また，配当の受領者が自国内にPEを有しており，当該配当が当該PEに帰属する場合もPE国としての立場で課税することが認められるべきことから，これらの場合には10条5項は適用されない[29]。

　なお，以上に対して，自国の国内で所得が稼得されたこと以外の理由によって源泉地国課税がなされる場合，たとえば，自国の国内で送金がなさ

27　C10-33参照。
28　Vogel Art.1 11, Art.10 137参照。
29　C10-34参照。

2 配当（10条） 105

れたことを理由に課税がなされる場合には10条5項の適用はないとされて
おり，そのような課税はその国が配当の受領者の居住地国との間で締結す
る租税条約7条（または21条）に基づいて制限され得るにとどまる[30]。

また，支店と子会社を同様に取り扱うため，子会社が親会社に配当をす
る際の課税と同等の課税を支店に対して行うこと（いわゆる支店利益税）
については，10条5項の適用が問題となり得るが，これが株主に対する
（実質的な）配当課税ではなく支店に対する追加の課税であると認められ
る場合は，むしろ支店を課税上不利に取り扱うものとしてPE無差別条項
との抵触が問題になる[31]（24条3項参照）。

30　C10-35参照。
　　なお，10条5項の適用が問題となる事例について検討したものとして，Eduardo Madeira &
Tiago Neves, Exploring the boundaries of the application of article 10（5）of the OECD
Model, Intertax 7/8. 2007/8/9, pp. 473-483がある。
31　Vogel Art.10 140, Art.24 69参照。

106　第4章　投資所得（10条～12条）

3 利子（11条）[32]

（1）基本ルール

1. Iterest arising in a Contracting State and paid to a resident of the other Contracting State may be taxed in that other State.
2. However, interest arising in a Contracting State may also be taxed in that State according to the laws of that State, but if the beneficial owner of the interest is a resident of the other Contracting State, the tax so charged shall not exceed 10 per cent of the gross amount of the interest.（…）

1　一方の締約国内において生じ，他方の締約国の居住者に支払われる利子に対しては，当該他方の締約国（注：居住地国）において租税を課することができる。

2　1の利子（注：源泉地国内において生じた利子）に対しては，当該利子が生じた締約国（注：源泉地国）においても，当該締約国の法令に従って租税を課することができる。その租税の額は，当該利子の受益者が他方の締約国の居住者である場合には，当該利子の額の10パーセントを超えないものとする。（…）

32　利子所得条項に係る解釈上の問題全般について，Robert Danon, Interest（Article 11 OECD Model Convention）, Chapter 7 of: Michael Lang, Source versus Residence（Kluwer Law International, 2008）, pp.81-105参照。

3 利子（11条） 107

　利子についても配当の場合と同様，二国間射程が定められており，利子がいずれかの締約国の国内で生じ，その相手国の居住者に支払われる場合に限って適用される[33]。したがって，利子が源泉地国以外の国（居住地国または第三国）で生じる場合には，11条の適用対象外となり，7条（または21条）が適用されることになる。ここでの「支払」についても，配当の場合と同様，非常に広い意味を持つとされており，実際に送金がなされたかどうかを問わず，何らかの形で債権者に経済的利益が生じればよいとされている[34]。また，後述のとおり，「利子」の定義は3項が定めており，いずれの国で利子が生じるか（利子の源泉地についてのソースルール）は5項が定めている。

　二国間射程が満たされた場合の基本ルールは配当の場合と同様であり，1項で居住地国課税が認められることが定められた上で，2項で源泉地国課税も認められるものの，その税率は10％までに制限されることが定められている。源泉地国課税が制限されるためには，受益者要件を満たす必要があることも同様である。ここでの受益者の意義も配当の場合と同様であるが，利子の場合，金融機関等から借り入れた金銭をそのまま第三者に貸し付けるといった連鎖的な取引がなされることも多い。そのような場合，それぞれの貸付けが相互に独立したものである限り，たとえ第三者に対する貸付けから生じた利子をそのまま金融機関等に対する利子の支払に充てるとしても，その受取利子についての受益者性は否定されないと解されている[35]。

　なお，利子については，支払われた利子の総額（グロス金額）に対して源泉徴収課税がなされる場合，当該利子収入に係る費用を控除することができず，過重な課税となる可能性があることが指摘されている[36]。すなわ

33　C11-6参照。
34　C11-5参照。
35　C11-10.2参照。
36　C11-7.1参照。

108 第4章 投資所得（10条～12条）

ち，利子の起因となる貸付金については，その原資を外部から借り入れることもあり，その場合は支払利子が生じることから，実際の利子所得（ネット金額）は受取利子から支払利子を控除した額となる。居住地国では，このような費用控除後の利子所得に課税がなされることが通常であり，源泉徴収税額よりも税額が少なくなる結果，外国税額控除方式では控除しきれない限度超過額が生じる可能性が高くなる。このようなことから，実際の租税条約では，金融機関など一定の者が受領する利子について，免税あるいは特別に軽減された税率の適用が認められていることがある。

（2）利子の定義

3．The term "interest" as used in this Article means income from debt-claims of every kind, whether or not secured by mortgage and whether or not carrying a right to participate in the debtor's profits, and in particular, income from government securities and income from bonds or debentures, including premiums and prizes attaching to such securities, bonds or debentures. Penalty charges for late payment shall not be regarded as interest for the purpose of this Article.

3　この条において，「利子」とは，すべての種類の信用に係る債権（担保の有無及び債務者の利得の分配を受ける権利の有無を問わない。）から生じた所得，特に，公債，債券又は社債から生じた所得（公債，債券又は社債の割増金及び賞金を含む。）をいう。支払の遅延に対する延滞金は，この条の適用上，利子とはされない。

租税条約上の利子の定義は広く，担保の有無や利益参加の有無を問わず，あらゆる種類の信用に係る債権から生じる所得がこれに含まれる[37]。これ

③　利子（11条）　109

により，いわゆる元本となるべき権利が存する限り，企業に対して所有者
ではなく債権者として有する権利（債権）から生じる所得（一定期間資金
を利用させることの対価[38]）が広く利子所得に含まれる。このことから，
割増金や賞金などが利子に含まれることが明示されているほか，割引発行
差金や早期弁済による割引金なども利子に含まれると解される[39]。また，
売買代金等に含まれる利子的要素についても，分割手数料のようにそれが
売買代金等に付加して支払われるものであれば利子に含まれると解され
る[40]。これに対して，遅延損害金については利子の範囲から除かれること
が明示されている。

　また，いわゆる元本が存しない場合，典型的には金融派生商品（デリバ
ティブ）に係る取引から生じる利益は利子には含まれないと解されてい
る[41]。ただし，そのような取引であっても，国内法によって「元本が存す
るものとみなす」ことは可能であり，そのような場合には利子に含まれる
余地はある。さらに，一般的な債権譲渡から生じた所得は利子には該当し
ないと解されている[42]。

　なお，配当との区別として，法形式としては債券や社債であるが，その
実質が株式に近いもの，たとえば，利益参加型の劣後債であり，かつ，償
還期限が無期限のものから生じる所得について，それが企業リスクを負担
するものと判断される場合，実質的には債権者として有する権利から生じ
る所得とはいえないとも解される。しかしながら，法形式が債券や社債で
ある以上は，そこから生じる所得は源泉地国の国内法上で配当と同様に取
り扱われない限りは租税条約上も配当には該当しないというのが明文の定

37　C11-18参照。
38　Vogel Art.11 83参照。
39　Vogel Art.11 85参照。
40　C11-7.8，Vogel Art.11 90参照。
41　C11-21.1参照。
42　C11-20参照。なお，利子所得に該当しない場合，事業所得，譲渡収益，その他所得のいず
　れかに該当すると解される。

110　第4章　投資所得（10条〜12条）

めである（10条3項参照）。そこで，この場合，利子にも配当にも該当せ
ず，その他所得として取り扱うべきという解釈も一応は成り立ち得るもの
の，合理的な解釈としては，租税条約上の利子の定義はあらゆる種類の信
用に係る債権を含む広いものであることからすれば，配当に該当しない場
合は利子として取り扱うべきと考えられる[43]。

（3）ソースルール

5. Interest shall be deemed to arise in a Contracting State when the payer is a resident of that State. Where, however, the person paying the interest, whether he is a resident of a Contracting State or not, has in a Contracting State a permanent establishment in connection with which the indebtedness on which the interest is paid was incurred, and such interest is borne by such permanent establishment, then such interest shall be deemed to arise in the State in which the permanent establishment is situated.

5　利子は，その支払者が一方の締約国の居住者である場合には，当該一方の締約国内において生じたものとされる（注：支払者基準）。ただし，利子の支払者（締約国の居住者であるかないかを問わない。）が一方の締約国内に恒久的施設を有する場合において，当該利子の支払の基因となった債務が当該恒久的施設について生じ，かつ，当該利子が当該恒久的施設によって負担されるものであるとき（注：利子の支払者が締約国内に有するPEによって当該利子が負担される場合）は，当該利子は，当該恒久的施設の存在する当該一方の締約国内において生じたものとされる（注：PE基準）。

配当について支払者基準のみが用いられていたのに対して，利子については，原則として支払者基準が用いられるものの，一定の場合に例外としてPE基準が用いられる[44]。すなわち，5項前段では，利子の支払者がいずれかの国の居住者である場合，その国で利子が生じるものとされる（支払者基準）。その例外として，5項後段では，利子の支払者がいずれかの締約国内にPEを有しており，当該利子の支払の起因となる債務が当該PEについて生じ，かつ，当該利子が当該PEによって負担されるものである場合には，当該利子の支払者がいずれの国の居住者であるかを問わず，当該PEの所在地国において利子が生じるものとされる（PE基準）。

なお，ある借入れがPEについて生じ，その利子がPEによって負担されるといえるためには，その借入れがPEにおいてなされることまでは要しないが，言い換えれば，その借入れが企業全体の他の部分（本店など）でなされた後にPEに資金移動されることでもよいが，その借入れがPEの事業のためになされるものであり，その利子が最終的にPEにおいて負担されるべきものであると認められる必要がある[45]。

以上の租税条約上のソースルールを踏まえて，二国間射程が満たされる場合に11条が適用される。ソースルールの具体的な適用について，以下で述べることとしたい。

43　以上の議論につき，注23参照。
44　C11−26参照。
45　C11−27参照。

たとえば，A国法人であるXが同じくA国法人であるYから利子を受領する場合，支払者基準によって利子はA国で生じるものとされることから二国間射程は満たされず，11条は適用されないのが原則である。これに対して，当該利子がYのB国内に有するPEによって負担されるとすれば，この場合にはPE基準が適用され，利子はB国で生じるものとされる結果，二国間射程は満たされ，11条が適用されることになる。

【図表4-6】PE基準の適用例①

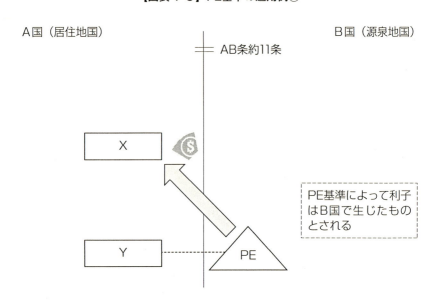

別の例として，A国法人であるXがB国法人であるYから利子を受領する場合，支払者基準によって利子はB国で生じるものとされることから，二国間射程は満たされ，11条が適用されるのが原則である。これに対して，当該利子がYのA国内に有するPEによって負担されるとすれば，この場合にはPE基準が適用され，利子はA国で生じるものとされる結果，二国間射程は満たされず，11条は適用されないことになる。この場合，B国においては，利子の受領者であるXがB国内にPEを有しており，当該利子

が当該PEに帰属するものでない限り，7条（または21条）に基づいて課税権が否定されることになる。

【図表4-7】PE基準の適用例②

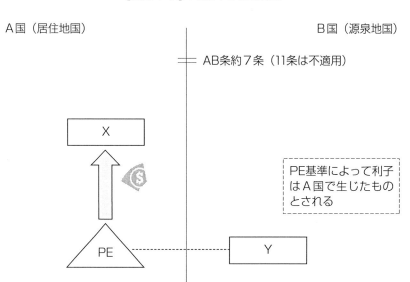

さらに，三角事例として，利子の受領者の居住地国，利子の支払者の居住地国，利子を負担するPEの所在地国がそれぞれ異なる場合が考えられる。たとえば，A国法人であるXがB国法人であるYから利子を受領する場合，当該利子がYのC国内に有するPEによって負担されるとすれば，B国でもC国でも源泉地国課税がなされる可能性がある。この場合，租税条約においては，いずれの国で源泉地国課税が認められるか。

【図表4-8】2つの源泉地国課税が競合する場合

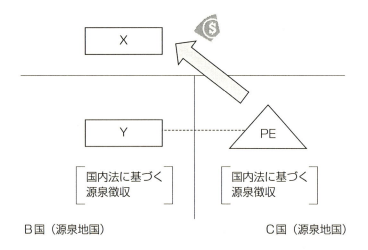

この場合，適用される租税条約はAB条約とAC条約である。まず，B国における課税について，BはA国とB国のいずれの締約国の国内にもPEを有するものではないことから，AB条約のもとでPE基準が適用される要件は満たされず，Xが受領する利子については原則どおり支払者基準が適用される。そこで，B国としては，自国の居住者であるYが支払う利子はB国で生じるものとして，租税条約上もこれに課税することが認められる。

他方で，C国における課税について，利子の支払者であるYがC国の国内にPEを有しており，当該利子は当該PEによって負担されることから，AC条約のもとではPE基準が適用される要件が満たされる。そこで，C国としては，自国の国内PEが負担する利子はC国で生じるものとして，租税条約上もこれに課税することが認められる。

以上のとおり，B国でもC国でも利子に課税することが認められる結果，2つの源泉地国課税が競合することになる[46]。この場合，A国においては，B国とC国のそれぞれの国との関係で二重課税の排除が義務付けられるこ

③ 利子（11条） 115

とになる。

この点，本来であれば，いずれか一方の国（合理的な考え方としては，実際に利子が自国の国内PEによって負担されるC国）においてのみ，源泉地国課税が認められるべきといえる。ところが，利子については，配当の場合とは異なり，10条5項のような源泉地国課税の競合を解消するための明文の規定はない。そこで，11条5項の解釈として，競合する2つの源泉地国間で締結されている租税条約上のソースルールがいわば振分けルールのように機能して，それぞれ居住地国との間で締結されている租税条約にも効力が及ぶことでPE基準が常に優先的に適用されるといった解釈をとらない限り，源泉地国間の二重課税は解消されない[47]。

なお，実際の租税条約においては，このような問題を解消するための明文の規定として，たとえば，第三国のPEによって利子が負担される場合にも支払者基準ではなくPE基準が適用されるといった特別の定めがなされることがある。

（4）PE条項

配当の場合と同様，利子の受領者が源泉地国の国内にPEを有しており，当該利子の支払の起因となった債券等が当該PEと実質的な関連を有する場合（利子がPEに帰属する場合）は11条4項のPE条項が適用され，11条ではなく7条が適用される。債権等がPEと実質的な関連を有するかどうかは，AOAのもとで，PEがその債券等を経済的に所有するものであると認められるかによって判断される[48]。

たとえば，A国法人であるXがB国法人であるYから利子を受領する場合，XがB国の国内にPEを有しており，当該利子が当該PEに帰属すると

46　C11-29参照。
47　そのような解釈は一般的とはいえない。Vogel Art.11 125参照。
48　C11-25.1参照。

116　第4章　投資所得（10条〜12条）

すれば，B国としては，PEに帰属する利子所得について，11条によって
制限されることなく，7条に基づいて課税することが認められる。

　なお，これとは異なり，A国法人であるXが同じくA国法人であるYか
ら利子を受領する場合，当該利子がXのB国内に有するPEに帰属すると
すれば，利子のソースルールとしては支払者基準が適用され，A国で生じ
るものとして取り扱われる。この場合は，PE条項によるまでもなく，そ
もそも二国間射程を満たさず，11条の適用対象外となると考えられる。そ
こで，B国としては，PEに帰属する利子所得について，11条によって制
限されることなく，7条に基づいて課税することが認められる[49]。

　さらに，これまでの応用例として，A国法人であるYから同じくA国法
人であるXに利子が支払われる場合，当該利子がYのB国内に有するPE
によって負担され，かつ，当該利子がXのB国内に有するPEに帰属する
とすれば，租税条約はどのように適用されるか。

49　この場合，居住地国であるA国としては，利子は自国で生じるものであるから，源泉地国と
　しての立場も同時に有することになる。そこで，B国との関係での二重課税の排除については，
　仮にA国が源泉地国であり，B国が居住地国とした場合に11条に従ってA国において源泉地国課
　税が認められる範囲で，B国が税額控除等を認めることで，居住地国の課税権を確保すること
　が相当であるといえる。注25参照。

③ 利子 (11条) 117

【図表4-9】PEによって負担される利子がPEに帰属する場合

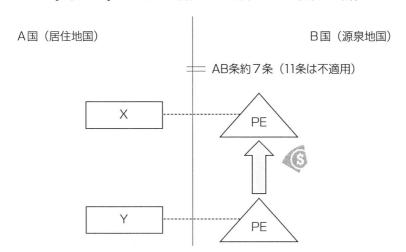

この場合、利子のソースルールとしては、利子の支払者であるYがB国の国内にPEを有しており、当該利子が当該PEによって負担されるものであることから、PE基準が適用され、B国で生じるものとして取り扱われる。そこで、二国間射程は満たすものの、さらに利子の受領者であるXもB国の国内にPEを有しており、当該利子は当該PEに帰属するものであることから、PE条項が適用され、11条は適用されない。結局、B国としては、当該PEに帰属する利子所得について、7条に基づいて課税することが認められる。

(5) 過大利子に係る規定

特殊関係者（法的な支配関係[50]のみならず、社会的な利害関係[51]を共通する者を含む）間で利子が支払われる場合、通常であれば支払われない過大な利子が支払われる可能性がある。そこで、5項は、独立企業原則に基

---
50 C11-33参照。
51 C11-34参照。

118 第4章 投資所得（10条～12条）

づいた適正な額を超える過大な利子が支払われる場合，その超える部分については11条が適用されないことを定めている。11条が適用されない部分については，その支払の性質に応じて他の所得条項が適用される[52]。特に，過大利子が隠れた「配当」であるとみなされる場合は10条が適用され，それ以外の場合には7条または21条が適用されることが多いと考えられる[53]。

52　C11-35参照。
53　Vogel Art.11 141参照。

4 使用料（12条）[54]

（1）基本ルール

> 1. Royalties arising in a Contracting State and beneficially owned by a resident of the other Contracting State shall be taxable only in that other State.

> 1　一方の締約国内において生じ，他方の締約国の居住者が<u>受益者で</u>ある使用料に対しては，<u>当該他方の締約国</u>（注：居住地国）<u>において</u><u>のみ租税を課することができる。</u>

　配当や利子と異なり，使用料（ロイヤルティ）については，居住地国の排他的な課税権が認められており，源泉地国の課税権は否定される[55]。源泉地国の国内で生じる使用料が12条の適用対象となるが，いずれの国で使用料が生じるかについてのソースルールは特に定められておらず，源泉地国の国内法が参照されることになる。他の投資所得条項と異なり，12条が適用される場合は源泉地国課税が免除されることになるため，使用料の源泉地について国内法を参照したとしても特に問題は生じない。仮に源泉地

54　使用料所得条項に係る解釈上の問題全般について，Niv Tadmore, Royalties（Article 12 OECD Model Convention），Chapter 8 of: Michael Lang, Source versus Residence（Kluwer Law International, 2008），pp.107-128参照。

55　ただし，実際の租税条約では，一定の限度税率で使用料に対する源泉地国課税が認められていることも多い。その場合，使用料所得条項は利子所得条項と基本的な構造を同じくすることが通常であり，11条の適用関係について述べた考え方が12条の適用関係にも当てはまることになる。

120　第4章　投資所得（10条～12条）

国の国内法によればその国で生じたものでないとされる場合には，二国間
射程を満たさないことから12条は適用されず，7条（または21条）が適用
されることになる[56]。その結果，使用料がPEに帰属するものでない限り，
源泉地国課税は結局認められない。

　このように，使用料については，源泉地国における課税の免除が認めら
れるが，そのためには，やはり受益者要件を満たす必要がある。その意義
については，配当の場合と同様である[57]。使用料の受領者が受益者ではな
いと認められる場合，条文自体に明示はされていないものの，その合理的
な解釈としては，12条の適用対象外として7条（または21条）の適用対象
になるというのではなく，配当や利子の場合と同様に，源泉地国において
は国内法に基づく課税が認められることになると解される。

（2）使用料の定義

> 2．The term "royalties" as used in this Article means payments of
> any kind received as a consideration for the use of, or the right to
> use, any copyright of literary, artistic or scientific work including
> cinematograph films, any patent, trade mark, design or model,
> plan, secret formula or process, or for information concerning
> industrial, commercial or scientific experience.

> 2　この条において，「使用料」とは，①文学上，芸術上若しくは学
> 術上の著作物（映画フィルムを含む。）の著作権（の使用若しくは
> 使用の権利の対価），②特許権，商標権，意匠，模型，図面，秘密
> 方式若しくは秘密工程の使用若しくは使用の権利の対価として又は
> ③産業上，商業上若しくは学術上の経験に関する情報の対価として

56　C12-5参照。
57　C12-4.3参照。

受領される全ての種類の支払金をいう。

　租税条約上の定義として，①著作権，②特許権，商標権その他の知的財産権（工業所有権），③情報（ノウハウ[58]）という列挙された権利（無形資産）につき，その使用（あるいは使用権）の対価として支払われるものが使用料に該当する[59]。なお，かつてのモデル条約では，機械装置や設備等の動産に係る賃貸借から生じる賃料も使用料に含まれるものとされていた。そこで，実際の租税条約では，動産賃料が使用料の定義に含まれていることもある。

　使用料に該当するかどうかは，その支払の起因となる契約や支払われる対価の名称は問わず，その実質がこれらの権利の使用の対価であるかを判断する。そこで，権利侵害に対する損害賠償金も使用料に含まれる。また，売上等に対する一定の割合ではなく一時金として支払われる場合であっても使用料に該当する。これに対して，ロイヤルティの形式で支払われるものであっても，その支払を受ける者が権利者ではない場合には，それは権利の使用の対価とはいえず，使用料には該当しない[60]。たとえば，音楽家がレコード会社のために演奏をし，その演奏が録音されたレコードが販売される際に，売上に応じて音楽家に対価（ロイヤルティ）が支払われるとしても，演奏に係る著作権がレコード会社に帰属するものであれば，音楽家は当該著作権の権利者ではないことから，音楽家に支払われるロイヤルティは権利の使用の対価としての使用料には該当せず，音楽家の事業所得として取り扱われる[61]。

58　C 12－11参照。
59　C 12－ 8参照。
60　C 12－ 8.1 参照。
61　C 12－18参照。
　　なお，もとになった裁判例として，Boulez v. Commissioner, US Tax Court（16 October 1984）がある。

122　第4章　投資所得（10条～12条）

　また，権利の独占使用権を付与することの対価も使用料に含まれる[62]。もっとも，いわゆる独占販売権を付与することの対価については，そのような「販売権」は使用料の定義において挙げられている権利のいずれにも該当せず，使用料には含まれない[63]。

　さらに，使用料については，次のような場面において，他の所得との区分をめぐって問題になることが多いといえる。

①　権利の譲渡

　権利そのものが譲渡される場合，一般に，その対価は使用料ではなく，事業所得または譲渡収益に該当することになるが，権利の一部（たとえば，一定の地域に限定した権利，一定の期間に限定した権利など）が譲渡される場合の対価については問題が生じる[64]。

　この点，権利が一定の地域に限定されたものであっても，当該地域においては完全な権利が認められる場合，そのような権利の譲渡は独立した権利の譲渡であり，その対価は使用料には該当しないと考えられる。これに対して，完全な権利ではなく，権利の重要な一部が留保されている場合には，その対価は使用料に該当するものと考えられる。

　また，権利が期間的に限定されたものである場合，それが権利の効用期間に照らして相当程度に長い場合でない限り，権利の譲渡の形式を取っていても実質的には権利の一時使用であり，その対価は使用料に該当すると考えられる。なお，逆に，権利の使用許諾の形式を取っており，その使用期間が限定されていても，その期間が相当程度長い場合には実質的には権利の譲渡であり，使用料には該当しないものと考えられる。

62　C12-8.5参照。
63　C12-10.1参照。
64　C12-8.2参照。

② ノウハウの提供

ノウハウの提供については，相手方にそのノウハウを使用させることを目的とする場合があるほか，単にノウハウを使用した役務（サービス）の提供を目的とする場合があり得る。ノウハウの提供が実質的にサービスの提供とみられる場合，その対価は権利の使用の対価としての使用料ではなく，事業所得に該当すると考えられることから，その区別が問題となる[65]。

考え方としては，相手方にノウハウの開示がなされ，相手方において当該ノウハウが使用可能な状態に置かれる場合は，その対価はノウハウの使用の対価として使用料に該当すると考えられる。これに対して，ノウハウが相手方に開示されず，相手方において当該ノウハウが使用可能な状態に置かれない場合は，その対価は使用料には該当しないと考えられる。

なお，フランチャイズ契約のように，ノウハウの提供とサービスの提供の両方の要素が含まれている場合，これらに主従関係が認められない限りは合理的な基準で区分がなされるべきものと解される[66]。

③ 著作物の提供

著作物の提供の対価については，事実関係によって様々な所得区分に該当する可能性がある。典型例として，著作権によって保護されるプログラムが組み込まれたソフトウエアの提供の対価については，そのプログラムの使用態様によって所得区分が異なることになる[67]。

まず，ソフトウエアの提供が製品の販売としてなされる場合，プログラムの使用態様は限定的であり，ソフトウエアを使用するに当たっての付随的な使用に過ぎないといえることから，その対価は使用料ではなく一般的

65　C12-11.3参照。

66　C12-11.6参照。

67　C12-12.2参照。Alejandro Garcia Heredia, Software royalties in tax treaties: should copyright rights be reconsidered in the OECD Commentary on Article 12?, 59 Bulletin for International Taxation 6 (2005), pp.103-112も参照。

124 第4章 投資所得（10条〜12条）

な売買代金等として事業所得に該当すると考えられる[68]。これに対して，ソフトウエアに組み込まれたプログラムを基礎として別のプログラムを開発等することを目的として提供される場合，その対価はさらなる開発等のための使用許諾の対価であり，使用料に該当すると考えられる[69]。さらに，ソフトウエアとともにプログラムに係る権利そのものが移転する場合には，その対価は使用料ではなく権利譲渡の対価に該当すると考えられる[70]。

　ソフトウエア以外の著作物の場合も同様であり，たとえば，著作権によって保護される画像が組み込まれたデータの提供の対価については，当該画像が購入者の自己使用のために提供される場合は一般的な売買代金等として事業所得，当該画像を使用してさらに別の著作物を作成するために提供される場合は権利の使用の対価として使用料，当該画像等に係る権利自体が移転される場合は権利譲渡の対価に該当するものと解される[71]。

④　無形資産の開発

　開発委託契約等により，特定の顧客のために無形資産の開発をする場合，その対価として支払われる報酬についての所得区別が問題となる。この点，開発された無形資産に係る権利関係が開発者に帰属するものであり，顧客はそれを使用することができるにとどまるのであれば，その対価は権利の使用の対価として使用料に該当すると考えられる。これに対して，契約や開発の内容によっては，無形資産に係る権利関係が顧客に原始的に帰属する（あるいは顧客に移転する）場合もあり得る。そのような場合は，権利の使用の対価というよりは，役務提供（あるいは権利譲渡）の対価に該当すると考えられる。

68　C12-14参照。
69　C12-13.1参照。
70　C12-15参照。
71　電子商取引から生じる所得に係る租税条約上の所得区分について検討されたものとして，OECD Report: Treaty characterisation issues arising from e-commerce（2002）がある。

（3）PE条項

　配当や利子の場合と同様，使用料の受領者が源泉地国の国内にPEを有しており，当該使用料の支払の起因となった権利（無形資産）が当該PEと実質的な関連を有する場合（使用料がPEに帰属する場合）は12条3項のPE条項が適用され，12条ではなく7条が適用される。ここでも，権利がPEと実質的な関連を有するかどうかは，AOAのもとで，PEがその権利を経済的に所有するものであると認められるかによって判断される[72]。

（4）過大利子に係る規定

　利子の場合と同様，特殊関係者間で使用料が支払われる場合，通常であれば支払われない過大な使用料が支払われる可能性がある。そこで，12条4項は，独立企業原則に基づいた適正な額を超える過大な使用料が支払われる場合，その超える部分については12条が適用されないことを定めている。12条が適用されない部分については，その支払の性質に応じて他の所得条項が適用されることになる[73]。

72　C 12 - 21.1 参照。
73　C 12 - 25参照。

第**5**章

その他の所得
（6条，13条，21条）

1 はじめに

　本章では，労務所得（15条〜20条）を取り上げる前に，不動産所得（6条），譲渡収益（13条），その他所得（21条）をその他の所得としてまとめて取り上げる。これらの所得条項については，所得の性質に応じて課税権を認めるための異なる基準が適用されることを踏まえた上で，適用条文の相互関係を理解することが特に重要となる。

　まず，事業に関連する所得については，PE基準を採用する7条が事業所得一般に適用されることはすでに述べたが，7条以外が適用される場合でも，いずれもPEの所在地国に課税権を認めるPE基準が適用されるべきことが定められている（13条2項，21条2項参照）。

　また，不動産に関連する所得については，いずれも不動産の所在地国に課税権を認める所在地基準（situs principle）が適用されるべきことが定められている（6条1項，13条1項参照）。この所在地基準はPE基準よりも優先されることになる。

　さらに，それ以外の所得については，特定の所得条項（個別規定）によって源泉地国に課税権が認められない限り，一般に所得の受領者の居住地国に排他的な課税権を認める居住者基準が適用されるべきことが定められている（13条5項，21条1項参照）。

2 不動産所得（6条）

> 1. Income derived by a resident of a Contracting State from immovable property (including income from agriculture or forestry) situated in the other Contracting State may be taxed in that other State.

> 1 一方の締約国の居住者が他方の締約国（注：源泉地国）内に存在する不動産から取得する所得（農業又は林業から生ずる所得を含む。）に対しては，当該他方の締約国（注：源泉地国）において租税を課することができる。

　不動産から生じる所得，典型的には土地や建物といった不動産の賃貸から生じる賃料については，不動産所得として6条の適用対象となる。不動産所得のソースルールについては，国内法上は支払者基準が用いられることもあり得るが，租税条約上は所在地基準によって不動産の所在地が源泉地となる。すなわち，不動産の所在地国が源泉地国として課税することが認められる。

　そこで，6条は，いずれかの締約国の居住者が不動産所得を受領するものであり，かつ，相手国の国内にその不動産が所在する場合に適用される（二国間射程）。不動産が居住地国あるいは第三国に所在する場合には，たとえその所得の性質が不動産所得に該当するものであっても6条は適用されず，その他所得として（居住地国に排他的課税を認める）21条1項が適用される[1]。これにより，不動産の所在地国以外の国が所在地基準以外の基

130　第5章　その他の所得（6条，13条，21条）

準で源泉地国課税することは認められないことになる。

　二国間射程を満たして6条が適用される場合，不動産の所在地国（源泉地国）は，租税条約上の制限を受けることなく国内法の規定に基づいて課税することが認められる。不動産所得については，投資所得のようにPE条項が置かれているわけではなく，不動産所得の受領者が不動産所在地国の国内にPEを有しており，当該所得が当該PEに帰属する場合，言い換えれば，不動産の所在地国がPE国である場合でも，（一般にPE国が課税する場合に適用される）7条や24条3項に基づく制限を受けることなく，国内法に基づいて課税することが認められる[2]。

　何が「不動産」に該当するかについては，租税条約上は特に定義されておらず，2項では，基本的に源泉地国の国内法上の定義を参照することが定められている。ただし，国内法上の定義にかかわらず，不動産の付属物，不動産に関する権利，天然資源に関する権利などが不動産に含まれること，逆に，船舶や航空機は不動産から除かれることが特に明示されている。

　また，3項では，不動産の直接または間接の使用から生じる所得が不動産所得として6条の適用対象となることが定められている。そこで，不動産の使用自体から生じるのではなく，不動産を通じて営まれる事業（たとえば旅館業やホテル業）から生じる所得については，不動産所得ではなく事業所得として7条の適用対象となる。同様に，不動産の譲渡から生じる所得も不動産所得ではなく譲渡収益として13条の適用対象となる。

　さらに，4項では，不動産所得条項（6条）が事業所得条項（7条）に優先することが定められている。これにより，不動産所得が同時に事業所得に該当する場合，7条ではなく6条が優先して適用されることになる。

1　C6-1参照。

2　これに対して，PEに帰属する不動産所得については，事業所得と同様の規律のもとに置かれるべきとする見解がある。Brian J. Arnold, At Sixes and Sevens: The Relationship between the Taxation of Business Profits and Income from Immovable Property under Tax Treaties, 60 Bulletin for International Taxation 1（2006），pp.5-18参照。

②　不動産所得（6条）　131

　ところで，投資所得については，二国間射程を満たさない場合，その所
得が同時に事業所得に該当するときは7条に戻って同条が適用されると解
されている。これに対して，不動産所得については，二国間射程を満たさ
ない場合，21条1項が適用されることはすでに述べたとおりであるが，そ
の所得が同時に事業所得に該当するときであっても，6条4項によって7
条の適用が排除されていると解することができる。したがって，不動産所
得については，不動産所在地国ではない（本来の源泉地国ではない）国が
自国の国内PEに所得が帰属するからといって，7条に基づいて源泉地国
課税することが認められるのではなく，21条1項に基づいて源泉地国課税
が否定されると解すべきことになる[3]。これにより，租税条約上，不動産に
関連する所得については，所在地基準がPE基準よりも優先するとの統一
的な結論が導かれることになる。

3　これに対して，居住地国または第三国に所在する不動産から生じる所得が源泉地国の国内
　PEに帰属する場合は所在地基準ではなくPE基準によるべきであり，7条が適用されるべきと
　する見解もあり得る（Vogel Art.6　9参照）。しかしながら，不動産に関連して所在地基準と
　PE基準の優先関係が問題となる他の条項をみると，13条2項や21条2項など，いずれもPE基
　準の適用を明確に否定して所在地基準を優先させており，租税条約上，不動産に関連する所得
　については，所在地基準がPE基準よりも優先されていることが明らかである。このことから，
　不動産所得についてPE基準によるというのはこれとは整合せず，7条の適用対象とはならない
　というべきである。
　　さらに，7条が適用されないとする理論的な根拠として，そもそも特定の所得条項について
　二国間射程を満たさないことで適用対象外となった場合には7条に戻って同条が適用されると
　考えるのではなく，21条の適用対象になるとの新しい見解（第3章の注42参照）によれば，6
　条4項の規定によるまでもなく，7条が適用されないことは当然である。また，伝統的な見解
　によったとしても，本文で述べたとおり，6条4項が一般に7条の適用を排除していると考え
　れば，同様に，7条は適用されないと解することができる。
　　以上の議論につき，Raul-Angelo Papotti and Nicola Saccardo, Interaction of Articles 6, 7
　and 21 of the 2000 OECD Model Convention, 56 Bulletin for International Taxation 10 (2002),
　pp.516-521参照。
　　なお，そのほかの理論的な根拠として，24条3項に基づいて7条ではなく6条が優先的に適
　用されると考えるべきとの見解もある。Ekkehart Reimer, "Income from immovable property
　(Article 6 OECD Model Convention)", Chapter 1 of: Michael Lang, Source versus Residence
　(Kluwer Law International, 2008), pp.1-7参照。

3 譲渡収益[4]（13条）

（1）一般ルール（5項）

> 5. Gains from the alienation of any property, other than that referred to in paragraphs 1, 2, 3 and 4, shall be taxable only in the Contracting State of which the alienator is a resident.

> 5　1から4までに規定する財産以外の財産の譲渡から生ずる収益に対しては，譲渡者が居住者とされる締約国（注：居住地国）においてのみ租税を課することができる。

　資産の譲渡から生じる収益（キャピタルゲイン）については，5項が一般的・包括的なルールを定めており，源泉地国課税を認める個別規定が適用されない限り，居住地国に排他的な課税権が認められる。その上で，不動産，PE資産等の一定の資産については個別規定が適用され，その譲渡収益について源泉地国課税が認められる。

　このように，譲渡収益については，一定の資産の譲渡による場合を除いて，一般に源泉地国課税は否定されている。なかでも重要なものとして，株式（不動産関連株式を除く），債権，知的財産権などの資産については，譲渡収益に対する源泉地国の課税権が一般に否定されることになる。

4　譲渡収益条項に係る解釈上の問題全般について，Stefano Simontacchi, "Capital Gains (Article 13 OECD Model Convention)", Chapter 9 of: Michael Lang, Source versus Residence (Kluwer Law International, 2008), pp.129-174参照。

何が資産の譲渡から生じる「収益」に該当するかについては，租税条約上は特に定義されていないが，取得価額と譲渡価額との差益に相当するものが広くこれに含まれると解される[5]。このような差益については，国内法上の取扱いにかかわらず，租税条約上は，広く譲渡収益として13条の適用対象となる。なお，租税条約が広く13条の適用を認めるものであったとしても，実際にどのような要件で譲渡収益に課税するかは国内法に委ねられており，租税条約が課税権を創設するものではないことに留意する必要がある[6]。

また，これに関連して，事業用資産の譲渡から生じる収益が13条の適用対象になるのか，それとも事業所得として7条の適用対象になるのかは問題となり得る。一般に，固定資産とは区別される棚卸資産の譲渡から生じる収益は13条の適用対象とはならず，事業所得として7条の適用対象になると解される[7]が，仮に13条が適用されると解したとしても[8]，13条2項はPE資産についてはPE基準によって課税権を分配していることから，同じくPE基準を採用する7条が適用される場合とで結論に違いは生じない[9]。

さらに，「譲渡」の意義については広く解釈されており[10]，国内法によって譲渡したものとして取り扱われる場合も含まれると解される[11]。いまだ資産の譲渡がなされていない段階での未実現の値上り益や評価益に対する

5　C13-3，5参照。

6　C13-3，6参照。

7　Vogel Art.13 36参照。

8　そのような見解として，Stefano Simontacchi・前掲注4がある。この見解によると，棚卸資産が不動産である場合に，13条1項が適用されることでPE基準ではなく所在地基準が適用され，6条や21条との整合性が図られることになる。租税条約においては，不動産に関連する所得については，所在地基準をPE基準よりも優先させていることについてはすでに述べた（注3参照）。
　　これに対して，棚卸資産の譲渡収益には13条が適用されず，7条が適用されると考えるとすれば，棚卸資産が不動産の場合，その譲渡収益について所在地基準ではなくPE基準が適用され，他の不動産関連所得との間で不整合が生じることになる。これを避けるためには，棚卸資産の譲渡であっても13条の適用対象になると考えることが必要となる。

9　C13-4参照。
　　ただし，棚卸資産が不動産の場合には7条が適用される場合と13条が適用される場合で結論に違いが生じ得る（注8参照）。

10　C13-5参照。

課税については，国内法で譲渡があったものとみなされる場合は13条の適用対象となり，それ以外の場合（資産から所得が生じたものとみなされる場合）は6条（不動産の場合），7条（PE資産の場合），21条（それ以外の場合）のいずれかの適用によって13条と同様の基準で課税権の分配がなされることになる[12]。

（2）個別ルール

13条1項，2項，4項の個別規定は，譲渡収益について源泉地国課税が認められる資産を個別に定めている。ここでの基本的な考え方は，資産から生じる所得と当該資産の譲渡から生じる収益については，同じ基準で課税権を分配するというものである。そこで，ある資産から生じる所得について源泉地国課税が認められる場合，基本的には当該資産の譲渡収益についても源泉地国課税が認められている[13]。具体的には，以下の資産の譲渡収益について，源泉地国課税が認められている。

① 不動産（1項）

不動産の譲渡収益については，6条と同様の所在地基準により，不動産の所在地国が源泉地国として課税することが認められる。二国間射程についても6条と同様であり，譲渡される不動産が譲渡人の居住地国または第三国に所在する場合は13条1項の適用対象外となり，一般ルールである13

11　Vogel Art.13 15参照。
　　なお，出国税については，自国の居住者に対する課税であるものの，出国後の新たな居住地国における課税との二重課税を招くものであり，譲渡収益について課税権の分配ルールを定めた租税条約の目的に反するのではないかという議論があり得る。それでも，租税条約は明文で定める一定の場合を除いて居住地国課税を制限するものではなく，出国税は租税条約には反しないと解すべきであると思われる。Bruno Macorin Carramaschi, Exit Taxes and the OECD Model Convention: Compatibility and Double Taxation Issues, 49 tax notes international 3（21 January 2008）, pp.283-293参照。さらに，居住地国課税が制限されないことは2017年のモデル条約改正でも明確にされた（1条3項参照）。

12　C13-9参照。

13　C13-4参照。

条5項が適用される結果，源泉地国課税は否定されることになる[14]。

② PE資産（2項）

PEに帰属する不動産以外の事業用資産（あるいはPEそのもの）の譲渡収益については，7条と同様のPE基準により，PEの所在地国が源泉地国として課税することが認められる。文言上は「動産」（movable property）とされているが，これは不動産を除くという趣旨であり，不動産以外の資産については，たとえば債権や無形資産であっても，広くこれに含まれるものと解されている[15]。PEに帰属するかどうかは，AOA（7条）のもとで，PEが事業用資産を経済的に所有するものであると認められるかによって判断される[16]。

なお，事業用資産を所有するのが法人格を有しない事業体（たとえば組合）である場合，その持分の譲渡には2項が適用され得る。もっとも，当該事業体が課税上は法人と同様に取り扱われる場合，その持分の譲渡には2項ではなく5項（あるいは4項）が適用される[17]。

また，事業用資産が国際運輸に係る船舶または航空機である場合，その譲渡収益については，8条と同様に居住地国の排他的な課税権を認める3項が適用され，源泉地国の課税権は否定されることになる。

③ 不動産関連株式[18]（4項）

ある法人（いずれの国の居住者であるかを問わない）の株式（これに類する事業体の持分を含む[19]）のうち，その譲渡以前の365日間のいずれかの

14　C13-22参照。

15　C13-24参照。

16　C13-27.1参照。

17　C13-26参照。

18　その意義や適用要件について，Stefano Simontacchi, Immovable Property Companies as Defined in Article 13 (4) of the OECD Model, 60 Bulletin for International Taxation 1 (2006), pp.29-37参照。

19　2017年のモデル条約改正によって範囲が拡張された。C13-28.5参照。

136 第5章 その他の所得（6条，13条，21条）

時期において[20]，その価値の50％超が相手国の国内に所在する不動産から直接または間接に由来するもの（不動産関連株式）の譲渡収益については，他の不動産関連所得と同様の所在地基準により，不動産の所在地国が源泉地国として課税することが認められる。これは，不動産が直接保有される場合のみならず，不動産保有法人を通じて間接的に保有される場合であっても，当該不動産の所在地国における課税権を確保するためのものである[21]。

ここでも二国間射程が問題となり，株式譲渡人の居住地国または第三国の国内に不動産が所在する場合には13条4項は適用されず，一般ルールである13条5項が適用される結果，源泉地国の課税権は否定されることになる[22]。

20　この要件は租税回避行為を防止するために2017年のモデル条約改正で設けられた。

21　C13-28.3参照。

22　この点，譲渡された不動産関連株式が相手国の国内PEに帰属するものである場合，13条2項が適用されると考えれば，PE基準によってPE国での課税が認められることになる。これは不動産関連所得について統一的に所在地基準を適用する考え方とは整合しないものである。13条2項の適用を避けるためには，文脈による解釈として，13条2項にいう「不動産」には，その価値の50％超が不動産（その所在地は問わない）に由来する株式も含まれると解すべきである。Stefano Simontacchi・前掲注18は，この点を明確に規定するためにモデル条約の文言を修正すべきという立場である。

4 その他所得[23]（21条）

1. Items of income of a resident of a Contracting State, wherever arising, not dealt with in the foregoing Articles of this Convention shall be taxable only in that State.

2. The provisions of paragraph 1 shall not apply to income, other than income from immovable property as defined in paragraph 2 of Article 6, if the recipient of such income, being a resident of a Contracting State, carries on business in the other Contracting State through a permanent establishment situated therein and the right or property in respect of which the income is paid is effectively connected with such permanent establishment. In such case the provisions of Article 7 shall apply.

1　一方の締約国の居住者の所得（源泉地を問わない。）であって前各条に規定がないものに対しては，当該一方の締約国（注：居住地国）においてのみ租税を課することができる。

2　1の規定は，一方の締約国の居住者である所得（第6条2に規定する不動産から生ずる所得を除く。）の受領者が，他方の締約国内において当該他方の締約国内にある恒久的施設を通じて事業を行う場合において，当該所得の支払の基因となった権利又は財産が当該恒久的施設と実質的な関連を有するものであるとき（注：不動産所得以外の所得がPEに帰属する場合）は，当該所得については，適用

138　第5章　その他の所得（6条，13条，21条）

> しない。この場合には，第7条の規定を適用する。

　ある所得が6条から20条までに定める所得のいずれにも該当しない場合（あるいは特定の所得条項における二国間射程を満たさずに適用対象外となる場合），当該所得はその他所得として21条の適用対象となる[24]。同条が適用される場合，原則として，居住地国に排他的な課税権が認められ，源泉地国の課税権は否定される。ただし，PEに帰属する所得（不動産から生じるものを除く）については，7条の適用対象になるものとされており，PE基準によって課税権の分配がなされることになる。

　なお，実際の租税条約では，その他所得が源泉地国の国内で生じるものである場合，居住地国のみならず源泉地国においても課税することが認められていることがある。その場合，当該所得がいずれで生じるものであるかという源泉地については，通常，租税条約上のソースルールに反しない限り，源泉地国における国内法が参照されることになると解される[25]。

23　その他所得条項に係る解釈上の問題全般について，David A. Ward, et al., The other income article of income tax treaties, British Tax Review 1990-11, pp. 352-384参照。

24　C21-1，Vogel Art.21 4参照。

25　Vogel Art.21 36, 37参照。

第**6**章

労務所得
（15条〜20条）

140 第6章 労務所得（15条～20条）

1 はじめに

　事業者が事業活動に関連して稼得する所得（事業所得）について一般に適用される条文が7条であったのに対して，非事業者である個人が労務提供に関連して稼得する所得（労務所得）について一般に適用される条文が15条である。労務所得については同条を基本として，他の所得条項（16条ないし19条）の適用について検討することになる[1]。その結果，他の所得条項の適用がない場合には，一般規定である15条がその要件を満たす限り適用されることになる[2]。さらに，労務所得に関連して，学生等が受領する所得についての特別な規定として20条があり，これは15条にかかわらず適用の余地がある。

1　15条は「第16条，第18条及び第19条の規定が適用される場合を除くほか」と定めており，さらに17条は「第15条の規定にかかわらず」と定めていることから，結局のところ，15条は16条から19条までの個別規定との関係において一般規定の位置付けになる。C15－1，C17－1参照。

2　労務所得に関する条文相互間の関係について，Frank P.G. Potgens, The "Closed System" of the Provisions on Income from Employment in the OECD Model, 41 European Taxation 7 (2001), pp.252-263 参照。

　なお，15条の要件を満たさない場合には，より一般的な規定である21条が適用されることになる。Vogel Art.15 8，24参照。

2 給与所得[3]（15条）

1. Subject to the provisions of Articles 16, 18 and 19, salaries, wages and other similar remuneration derived by a resident of a Contracting State in respect of an employment shall be taxable only in that State unless the employment is exercised in the other Contracting State. If the employment is so exercised, such remuneration as is derived therefrom may be taxed in that other State.

2. Notwithstanding the provisions of paragraph 1, remuneration derived by a resident of a Contracting State in respect of an employment exercised in the other Contracting State shall be taxable only in the first-mentioned State if:

a) the recipient is present in the other State for a period or periods not exceeding in the aggregate 183 days in any twelve month period commencing or ending in the fiscal year concerned, and

b) the remuneration is paid by, or on behalf of, an employer who is not a resident of the other State, and

c) the remuneration is not borne by a permanent establishment which the employer has in the other State.

3　給与所得条項における用言の意義について、Bernard Peeters, Article 15 of the OECD Model Convention on "Income from Employment" and its Undefined Terms, 44 European Taxation 2 (2004), pp.72-82参照。

142　第6章　労務所得（15条〜20条）

1　第16条，第18条及び第19条の規定が適用される場合を除くほか，一方の締約国の居住者がその勤務について取得する給料，賃金その他これらに類する報酬に対しては，勤務が他方の締約国内において行われない限り，<u>当該一方の締約国</u>（注：居住地国）<u>においてのみ租税を課することができる。</u>①勤務が他方の締約国内において行われる場合（であって，かつ，②2（a）ないし（c）の要件をひとつでも満たさないとき）には，③当該勤務について取得する給料，賃金その他これらに類する報酬に対しては，<u>当該他方の締約国</u>（注：源泉地国）において租税を課することができる。

2　1の規定にかかわらず，一方の締約国の居住者が他方の締約国内において行う勤務について取得する報酬に対しては，次の（a）から（c）までに規定する要件を満たす場合には，当該一方の締約国においてのみ租税を課することができる。

（a）当該課税年度において開始し，又は終了するいずれの12箇月の期間においても，当該報酬の受領者が当該他方の締約国内に滞在する期間が合計183日を超えないこと（注：労働者が源泉地国内に滞在する期間が合計183日以上である場合に該当しないこと）

（b）当該報酬が当該他方の締約国の居住者でない雇用者又はこれに代わる者から支払われるものであること（注：雇用者が源泉地国の居住者である場合に該当しないこと）。

（c）当該報酬が雇用者の当該他方の締約国内に有する恒久的施設によって負担されるものでないこと（注：給与所得が雇用者の源泉地国内に有するPEによって負担される場合に該当しないこと）。

　いずれかの締約国の居住者（労働者）が労務提供の対価として受領する給料，賃金その他これらに類する報酬（給与所得）については，当該労働者の居住地国に排他的な課税権が認められており，源泉地国の課税権は原

則として否定される。ただし，一定の要件を満たした場合には源泉地国においても課税が認められる[4]。なお，3項では，国際運輸に係る船舶または航空機の乗組員が受領する給与所得について，その居住地国に排他的課税権を認める特別の定めがなされている。

何が「給料，賃金その他これらに類する報酬」として給与所得に該当するかは租税条約で特に定義されていないが，雇用関係に基づく労務提供の対価として受領するものが広くこれに含まれると解される[5]。労務提供の時期と報酬の支払の時期が異なるものであったとしても，そこに対価関係が認められる限り，ここでいう給与所得に該当する[6]。

問題となるのは，独立した個人事業者としての法律関係（請負，業務委託など）に基づく役務の提供と雇用関係に基づく労務の提供の区分であり，言い換えれば，どのような場合に「雇用」関係が認められるかということである[7]。この点，基本的には，源泉地国の国内法を参照して雇用関係を判断するものとされており[8]，居住地国はこれに従う必要があるとされている[9]。

4　15条の構造として，1項前段で居住地国の排他的課税権という原則を定めた上で，1項後段で労務提供がなされる国にも源泉地国としての課税権を認めるという例外を定めている。さらに，2項において1項後段の適用除外（例外に対する例外）を定めている。2項が適用されるのは（a）から（c）までの要件をすべて満たす場合であり，言い換えれば，ひとつでも要件を満たさない場合には2項は適用されず，1項後段に基づいて源泉地国課税が認められることになる。さらに，この（a）から（c）までの要件は否定形で記述されていて紛らわしいが，要するに，労務提供地国において源泉地国課税が認められるためには，本文で記載しているとおり，(i)労働者が国内に滞在する期間が合計183日以上である場合，(ii)雇用者が自国の居住者である場合，(iii)給与所得が雇用者の自国内に有するPEによって負担される場合のいずれかに該当すればよいことになる。

5　C15-2.1，Vogel Art.15 33, 34参照。

6　C15-2.2参照。

7　C15-8.1参照。

8　C15-8.7参照。

9　C15-8.10参照。

　　ただし，租税条約上も雇用関係が認められるためには，客観的な判断として，相応の指揮監督関係が実際に存することが必要であり，そのような関係が存しないにもかかわらず源泉地国が独自の国内法によって雇用関係を認めることはできないと解されている（C15-8.11参照）。国内法上は認められる雇用関係が租税条約上は否定される場合，その対価は給与所得には該当せず，15条の適用対象とはならない。この場合，7条（または21条）の適用対象となり，多くの場合に源泉地国課税は認められないことになる。

144 第6章 労務所得（15条〜20条）

いずれにしても，給与所得については，居住地国においてのみ課税がなされるのが原則であるが，その例外として，①自国の国内において労務提供がなされ，かつ，②2項で定める要件を1つでも満たさない場合（自国との一定のつながりが認められる場合[10]）には，③国内での労務提供に対応する部分の給与所得について，源泉地国（労務提供地国）として課税することが認められる。

①　国内における労務提供

源泉地国課税が認められるためには，まずは，その国内において労務提供がなされる必要がある。国内で労務提供がなされなければ，他の要件を検討するまでもなく源泉地国課税は認められない。国内で労務が提供されるかどうかは，当該労務提供時における労働者の物理的な所在を基準とする[11]。期間の長短を問わず，たとえ短時間の滞在であったとしても国内における労務提供の要件は満たされることになる（ただし，その課税が認められる範囲については③参照）。

10　2項（a）から（c）までの要件はいずれも給与所得に対する労務提供地国における利害関係の程度（国とのつながり）を考慮したものであるといえる。

11　C15-1参照。

　なお，雇用契約の終了に際して競業避止義務の対価が支払われることがある。通常，これも給与所得に該当することが多いといえるが，このような不作為が労務の内容となる場合，労務提供の場所が問題となる。この点，労働者が物理的に所在する場所を基準とする考え方もあり得るが，単に所在するのみではその場所で何らの役務提供もしておらず，作為による役務提供の場合との均衡を図る観点から，不作為義務がなければ作為がなされていたと合理的に認められる場所を労務提供地とみるべきと考えられる。Dr Ekkehart Reimer, How tax treaties deal with income from omissions, 60 Bulletin for international taxation 3（2006），pp.110-118参照。

　また，休業補償についても，本来の役務提供に代わるものであるという性質から，不作為の場合と同様に，休業がなければ労務提供がなされていたと合理的に認められる場所を労務提供地とみるべきと考えられる。

　これに対して，待機義務の対価については，単なる不作為ではなく待機という作為の対価であり，物理的に待機する場所が役務提供地になると考えられる。Frank P.G. Potgens, Stand-By Fee Taxable in Residence State under Art. 15 of the OECD Model: Decision of the Netherlands Supreme Court of 22 December 2006, BNB 2007/97, 48 European Taxation 2（2008），pp.85-89参照。

② 国との一定のつながり

国内で労務提供がなされるとして，それだけで源泉地国課税が認められるのではなく，給与所得に対する課税を認めるだけの利害関係（国とのつながり）が必要である[12]。事業所得の場合，PEがその役割を果たすことになるが，給与所得の場合，以下の3つの基準のいずれかを充足することが必要である。いずれか一つの基準を充足すれば源泉地国課税が認められる。

(i) 労働者が国内に183日以上滞在すること

1つ目の基準として，労働者の滞在期間の長さが定められている。労働者が183日以上，すなわち年間の半分を超える期間その国内に滞在していれば，国とのつながりが十分であるとして，当該労働者が受領する給与所得に対する源泉地国課税が認められる。

この183日の計算方法であるが，ある課税期間を含む任意の12か月のうちに183日以上滞在していれば要件は充足する[13]。1日のうちの一部でも滞在していれば1日として計算され，その滞在の目的も問わず，労務以外の目的（たとえば旅行）で滞在していても1日として計算される[14]。このように計算した結果，ある課税年度を含む12か月のうちに183日以上滞在していれば，当該課税年度において源泉地国課税が認められることになる。

(ii) 雇用者が自国の居住者であること[15]

2つ目の基準として，雇用者の属性が定められている。通常，労働者に

12　C15-6.2参照。

13　C15-4参照。

14　C15-5参照。

15　この要件に係る解釈上の問題全般について，Luc de Broe et al., Interpretation of Art. 15.2b of the OECD Model Convention: "Remuneration Paid by, or on behalf of, an Employer Who is not a Resident of the Other State", 54 Bulletin for International Taxation 10 (2000), pp.503-521参照。

　　なお，居住者要件に関連する問題について具体例を踏まえて分析したものとして，Frank P.G. Potgens, Article 15 (2) (b) of the OECD Model: Problems Arising from the Residence Requirement for Certain Types of Employers, 42 European Taxation 6 (2002), pp.214-227がある。

146 第6章 労務所得（15条〜20条）

支払われる給与所得は，その支払者または負担者となるべき雇用者において費用として控除することが認められる。そこで，雇用者が自国の居住者である場合，その国の課税ベースは給与所得が支払われる分だけ減少することになり，それに対応するものとして，労働者が受領する給与所得に課税することに利害関係を有するものと認められる。この場合も国とのつながりが十分であるとして，当該給与所得に対する源泉地国課税が認められる[16]。

　誰が雇用者であるかという問題については，雇用関係が存在するかということと一体の問題であり，雇用関係の存否について源泉地国の国内法を参照して判断することと同様，誰が雇用者であるかについても，基本的には源泉地国の国内法を参照して判断することになる。ただし，国内法のあり方としては，法的な観点から雇用契約を基準として雇用者を判断する場合のほか，経済的な観点から実質的な雇用者を判断する場合があり得る。前者の場合には比較的基準が明確であって問題は少ないといえるが，後者の場合には源泉地国が独自の国内法によって広く自国の居住者が雇用者であると認めて課税するおそれがある。

　そこで，租税条約上もその者が雇用者であると認められるためには，客観的な判断として，その者が労働者に対して相応の指揮監督権限を実際に行使するものであることが必要であると解されている[17]。そのような関係がないにもかかわらず，国内法によって拡張的に雇用者であると認めることは許されない。

　関連する問題として，労働者派遣契約に基づき，労働者が国際的に派遣される場合がある。たとえば，Ｃ国法人であるＺに雇用されているＡ国の

16　C4-8.2，Vogel Art.15 248参照。

　　なお，雇用者が二重居住者である場合，その者がいずれの国の居住者であると認められるかについては，関係する租税条約における振分けルールを参照する必要がある。振分けルールによって敗退国とされた国においては，当該雇用者は自国の居住者であるとはいえないことになり，たとえその国で労務提供がなされても源泉地国として課税することは認められない。

17　C15-8.11参照。

居住者であるXがB国に派遣されてB国の国内でB国法人であるYのために183日未満の日数のみ労務を提供する例が考えられる。この場合，仮にB国が法的な雇用契約のみを基準にして誰が雇用者であるかを判断するとすれば，XがYと直接雇用契約を締結せずに形式的にZと雇用契約を締結してYに派遣される形をとることで，Xの給与所得に対するB国の源泉地国課税を免れることが可能となる。

そこで，労働者派遣が租税回避を図るために濫用的になされたと認められる場合，B国としては，実質的な観点からXとYとの間に雇用関係を認めることができるとされている[18]。その場合，ZからXに支払われる給与所得については，B国の居住者であるYが雇用者として負担すべきもの（Zが雇用者であるYに代わって支払うもの）として，B国における源泉地国課税が認められることになる。

(iii) 給与所得が国内PEによって負担されること

3つ目の基準として，給与所得の負担関係が定められている。雇用者が自国の居住者でないとしても，自国の国内にPEを有しており，給与所得が当該PEによって負担されるべきものである場合，当該PEの課税所得を算定する際には当該給与所得が費用として控除され，課税ベースを減少させ得るものであることから，当該給与所得に対する国とのつながり十分であるとして源泉地国課税が認められる。この点，PEによって負担されるかどうかはAOA（7条）のもとで，給与所得に係る費用がPEに配分されるべきと認められるかによって判断されるものとされており[19]，それが実際にPEにおいて費用として控除されるかどうかは問わないものとされている[20]。

問題になるのは，関係する租税条約においてPEが認められるための要

18　C15-8.8参照。
19　C15-7参照。

148　第6章　労務所得（15条〜20条）

件が異なる場合である。たとえば，C国の居住者であるYに雇用されている A国の居住者である X が B 国の国内で9か月間存続するYの建設事業に 183日未満の日数のみ従事する場合，雇用者である Y が B 国の国内に PE を 有するかどうかについて，AB条約とBC条約のいずれのPEの要件を参照 すべきかが問題となる。これらが同一であれば特に問題はないが，仮に AB条約のもとでは建設事業が6か月を超える場合に PE が認められ，BC 条約のもとでは12か月を超える場合に PE が認められるとすれば，どのように考えるべきか。

　この点，C国の居住者である Y が B 国の国内に PE を有するかどうかを 判断するのであるから，BC条約の要件を参照すべきとも考えられる。B C条約は12か月基準を採用していることから，9か月の存続期間では PE の要件を満たさず，PE が認められないことになる。これにより，X が受 領する給与所得について，B国において費用として控除される余地はない ことになる。

　しかしながら，そもそも X が受領する給与所得に対して B 国が源泉地国 として課税することが認められるかどうかは，Xの居住地国であるA国と 源泉地国である B 国との間の課税権の分配の問題である。B 国が A 国との 関係で源泉地国課税が認められるかどうかは，当然，AB条約に基づいて 判断されるべきである。そして，前述のとおり，給与所得が PE によって 負担されるかについては，実際にそれが PE において費用として控除され る必要はなく，PE に配分されるべき費用であればよい。

　そこで，重要となるのは，AB条約のもとで PE が認められるかどうかで あり，そのためには AB 条約における PE の要件を参照すべきといえる[21]。

20　C15−7.1参照。
　　なお，実際に費用として控除されることは要しないことが認められた裁判例について論じた ものとして，Frank P.G. Potgens, The Netherlands Supreme Court and Remuneration Borne by a Permanent Establishment − Third Time Lucky!, Decision of the Netherlands Supreme Court of 23 November 2007, BNB 2008/29, 48 European Taxation 12 (2008), pp.654-657がある。

②　給与所得（15条）　149

そして，AB条約は6か月基準を採用しており，9か月間存続する建設事業はPEの要件を満たすことから，B国が実際にはBC条約のもとでPE課税が認められないとしても，Xの給与所得に対して源泉地国課税することは認められると考えられる。

③　国内での労務提供に対応する部分

以上のいずれかの基準を充足する場合，源泉地国課税が認められるが，その課税が認められる範囲は労働者が受領する給与所得のうち，自国の国内での労務提供に対応する部分に限られる。特に，労働者が1つの国ではなく複数の国で勤務する場合，どのように給与所得を配分すべきかが問題となる。

合理的な基準として，勤務場所や内容にかかわらず一定の支払がなされる給与所得については，いわゆるプロラタ方式（勤務時間または日数に応じて配分する方法）によるべきといえる。これに対して，特定の勤務に対応して支払がなされる給与所得（特別のボーナスなど）については，その勤務がなされた場所に応じて配分がなされるべきといえる。

21　同様の争点が問題となった裁判例について論じたものとして，Bente Moll Pedersen, Triangular Cases: Art.15 of the OECD Model, Income from Employment and the Definition of Terms, 47 European Taxation 2（2007），pp.90-92がある。この裁判例でも，労働者の居住地国（A国）と役務提供地国（B国）の間の租税条約におけるPEの要件を参照すべきとされた。

150　第6章　労務所得（15条～20条）

3 役員報酬[22]（16条）

　法人の役員がその資格において受領する報酬（役員報酬）については，15条の定めにかかわらず，16条が優先的に適用される。16条は，所得が生じた場所，源泉地についてのソースルールとして支払者基準を採用することを前提に，いずれかの締約国の居住者が受領する役員報酬について，相手国の国内における労務提供の有無にかかわらず，その国の居住者である法人が当該役員報酬の支払をする場合に適用され，支払者である法人の所在地国が源泉地国として課税することが認められる。労務提供地基準ではなく支払者基準が採用されているのは，役員としての活動は一般に物理的な場所とのつながりは希薄であり，どの場所にいても法人のために活動することが可能であり，役務提供地を特定することが困難であることが考慮されている[23]。

　「役員」については，租税条約上は特に定義されておらず，源泉地国の国内法が参照される[24]。そして，役員としての資格において受領すると認められる所得であれば，広く役員報酬に含まれる[25]。これに対して，役員以外の資格において受領すると認められれば，他の所得条項が適用される[26]。たとえば，従業員が役員を兼務する場合に従業員としての資格にお

22　役員報酬条項に係る解釈上の問題全般について，Rainer Prokisch, Directors' Fees（Article 16 OECD Model Convention），Chapter 12 of: Michael Lang, Source versus Residence（Kluwer Law International, 2008），pp.197-213参照。

23　C 16-1，Vogel Art.16 4 参照。

24　ただし，文脈による解釈として，役員といえるためには，経営に関する監督機能を有するものであるか，最上位の経営権（業務執行権）を有するものである必要があると解される。そこで，単に上位の者から権限の委譲を受けて二次的な経営権（業務執行権）を有するにすぎない者については，租税条約上の役員からは除かれる。Vogel Art.16 31-38参照。

25　C 16-1.1参照。

26　C 16-2参照。

いて受領する所得に対しては15条が適用され，また，役員が同時に株主である場合に株主としての資格において受領する所得に対しては10条が適用され得る。

なお，役員報酬を支払う法人の所在地が役員の居住地国と同じである場合，あるいは第三国である場合には，二国間射程を満たさないことから，当該法人から支払われる役員報酬について16条は適用されず，その所得の性質に応じて，15条（給与所得に該当する場合），7条（事業所得に該当する場合），あるいは21条（それ以外の場合）が適用されることになる[27]。

27　ただし，ある所得について二国間射程を満たさないことで当該所得条項の適用がない場合は21条が適用されるとの新しい見解（第3章の注42参照）をさらに推し進めて，役員報酬について二国間射程を満たさないことで16条が適用されない場合は，それが同時に給与所得や事業所得に該当するものであっても15条や7条は適用されず，居住地国の排他的課税権を認める21条1項が適用されると考える余地があると思われる。このように考えれば，役員報酬については，（支払をする法人の所在地を基準に源泉地国課税を認める）支払者基準以外の基準では源泉地国課税が認められず，支払者である法人の所在地国（本来の源泉地国）との間で源泉地国課税の競合が生じる事態が解消されることになる。

　これに対して，15条や7条が適用されると考えた場合には，支払者基準とは別の基準によって役員報酬に対する源泉地国課税が認められる可能性があり，本来の源泉地国との間で源泉地国課税が競合する可能性が生じることになる。

芸能人等[28]（17条）

　芸能人や運動家（スポーツ選手）がその公演活動（公衆に向けられたパフォーマンス）の対価として受領する報酬（芸能所得）については，その性質が給与所得であっても事業所得であっても，15条や7条の規定にかかわらず，そのパフォーマンスが実施された国（役務提供地国）において源泉地国課税が認められる[29]。芸能人等については，その可動性が高く，ごく短期間の滞在による活動から相当な所得が生じ得るにもかかわらず，居住地国において適正な所得を補足することが困難であるという特性を有することが考慮されたものであるといえる[30]。

　また，芸能所得については，パフォーマンスを実施する芸能人等（個人）ではなく，中間に所在する法人（芸能法人，所属団体，マネジメント法人など）に報酬に係る法的な権利関係が帰属することも多いといえる。そこで，17条2項は，芸能法人等に支払われる対価のうち，芸能人等のパフォーマンスに対する報酬に相当する部分[31]については，たとえ芸能法人等が役務提供地国の国内にPEを有していないとしても，その国が源泉地国として芸能法人等に課税することを認めている[32]。

　「芸能人」の定義としては，租税条約上で芸能人に該当するものが例示的に列挙されており，大衆娯楽的性格を有する活動に従事する実演家が芸

---

[28] 芸能人等条項に係る解釈上の問題全般について，Daniel Sandler, Artistes and Sportsmen (Article 17 OECD Model Convention), Chapter 13 of: Michael Lang, Source versus Residence (Kluwer Law International, 2008), pp.215-245参照。

[29] C17-1参照。

[30] Vogel Art.17 3参照。

[31] 17条の適用対象になるのは芸能法人等に支払われる対価全部ではなく，芸能人等のパフォーマンスに対する報酬に相当する部分に限られる（C17-11.4参照）。それ以外の部分については，7条の適用対象になると考えられる。

４ 芸能人等（17条）　153

能人であるということができる[33]。また,「運動家」の定義としては,特に
列挙はされていないが,肉体的または精神的な競技活動に従事する実演家
が運動家であるということができる[34]。これら芸能人や運動家による活動
のうち,公衆に向けられたパフォーマンスから生じる所得が芸能所得に該
当することになる。これに該当する限り,その性質が事業所得であるか給
与所得であるかを問わず,また,公演活動から直接生じるものか間接的に
生じるものかも問わず[35],芸能所得として17条の適用対象となる。

　芸能所得については,芸能人等の場合,パフォーマンス自体から生じる
所得のほか,スポンサー料,広告料その他の付随的な契約から生じる所得
があり得る。そのような所得であっても,当該所得がパフォーマンスと密
接に関連するものであれば,あわせて芸能所得に含まれるものとされる[36]。
密接に関連するかどうかは,パフォーマンスとの近接関係や支払われる対
価の性質等に照らして,当該パフォーマンスがなければ生じることのな
かった所得であるかを判断する。なお,芸能所得に該当しない場合は,事
業所得として７条の適用対象になると考えられる。

　芸能所得に該当するためには,公衆に向けられたパフォーマンスが実施

32　C17−11参照。
　　この点,源泉地国の国内法に基づいて,実質的な観点から報酬が芸能法人等ではなく芸能人
　等（個人）に帰属するものと認めることができれば,17条２項がなかったとしても,当該芸能
　人等に対して,17条１項に基づいて課税することが認められる。これに対して,源泉地国の国
　内法に基づけば,芸能法人等が報酬の帰属者であると認められる場合には,当該報酬は自らの
　パフォーマンスの対価ではなく,芸能人等にパフォーマンスをさせるという役務提供の対価で
　あるといえることから,17条１項の適用対象とはならない。この場合,仮に17条２項がなけれ
　ば７条が適用されることになり,芸能法人等が役務提供地国の国内にPEを有しない限り,その
　国では課税が認められないことになる。

33　C17−3,Vogel Art.17 32参照。

34　C17−5,6,Vogel Art.17 49参照。

35　C17−8参照。
　　たとえば,団体による公演活動から生じる報酬が団体に支払われ,団体から個人に給与等が
　支払われる場合には,当該給与等は公演活動から間接的に生じるとものとして芸能所得に該当
　し,17条の適用対象となる。なお,公演活動の場所が複数の国にわたる場合,給与等が特定の
　公演活動に対応するものであれば当該活動がなされた国に配分され,特定の公演活動に対応す
　るものでなければ物理的な所在を基準として日数に応じて案分して各国に配分されることが合
　理的であるといえる。C17−9.2参照。

36　C17−9参照。

154 第6章 労務所得（15条〜20条）

されることが必要であるが，それは必ずしも直接公衆の面前でなされるものでなくてもよく，リアルタイムによる映像配信という間接的なものであってもよい。この場合，映像配信料が芸能人等に支払われる場合は17条の適用対象になるが，映像配信に関する権利を有する第三者に支払われ，間接的にも芸能人等には支払われない場合は，17条の適用対象にはならない[37]。この場合，映像配信に関する権利が著作権に含まれるのであれば12条の適用対象となり，そうでない場合には7条の適用対象になると考えられる。

　さらに，収録されたパフォーマンスが配信され，その売上に応じた対価が芸能人等に支払われる場合，それはパフォーマンスの対価というよりは，むしろその成果物に関する権利（著作権）の使用の対価として12条の適用対象になると考えられる。もっとも，その権利が芸能人等には帰属しない場合は，その対価は使用料ではなく事業所得に該当するものとして，7条の適用対象になると考えられる[38]。

---

[37]　C17-9.4参照。
　　　なお，映像配信など，間接的なパフォーマンスについては，いずれの場所が公演活動の場所になるか（芸能人等または公衆のいずれの所在を基準にするか）という問題が生じ得るが，合理的な解釈として，パフォーマンスを実施する芸能人等の物理的な所在を基準とすべきと解される。

[38]　C12-18参照。

5 退職年金（18条）

　退職した労働者が過去の雇用関係に関連して受給する年金（退職年金）については，居住地国に排他的な課税権が認められる。その所得が生じる源泉地として，実際に労務を提供した場所がどこであったか，あるいは支払者の居住地がどこであるかといったことは無関係であり，一律に源泉地国の課税権は否定される。退職年金の受領者については，一般に，受給時点で実際に居住する国とのつながりがもっとも大きいことを考慮したものであるといえる[39]。退職後に居住地を変更した場合も同様であり，それまで何らの関係もなかった国に移住するものであったとしても，移住先の国に排他的な課税権が認められることになる[40]。このことから，実際の租税条約では，モデル条約とは異なる定めがなされることも多いといえる[41]。

　一般に，年金には，①社会保障年金，②企業年金，③その他の年金（保

---

[39] C 18 - 1 参照。
[40] 居住地国に排他的課税権が認められるものの，その国が国内法で退職年金に対する課税を免除していることもあり得る。この場合，いずれの国においても退職年金に課税がなされないことになる。
　　関連する問題として，労働者が国境を越えて移動する場合，年金の掛金が支払われた時点での居住地国，当該掛金の運用がなされている時点での居住地国，さらに，年金の受領がなされる時点での居住地国が異なる可能性があり，それぞれの国において課税上の取扱いが異なることで，実質的な二重課税，あるいは実質的な二重非課税の問題が生じるとされている。たとえば，年金の掛金について費用控除が認められない国で掛金の支払がなされ，年金について課税が免除されない国で受領がなされるとすれば，過去における給与所得に対する課税と退職年金に対する課税で実質的な二重課税がなされることになる。逆に，費用控除が認められる国で掛金の支払がなされ，課税が免除される国で年金を受領することで実質的な二重非課税が生じることになる。以上につき，C 18 - 8 ～11，Vogel Art.18 4 参照。
　　なお，EU域内での「移動の自由」（freedom of movement）を保障するEU法の観点も踏まえてこの問題について論じたものとして，Luc De Broe and Robert Neyt, Tax Treatment of Cross-Border Pensions under the OECD Model and EU Law, 63 Bulletin for International Taxation 3 (2009), pp.86-93がある。
[41] C 18 - 2 参照。

険年金など）があり得る[42]。このうち，③は過去の雇用関係とは無関係であることが通常であり，18条の適用対象とはならず，その他所得として21条の適用対象になると解される。また，①はその仕組みにもよるものの，過去の雇用関係とは関係のない社会福祉給付であれば18条の適用対象外であり，やはりその他所得として21条の適用対象になると解される。これに対して，①でも雇用関係に関連して加入されるような制度であれば，その給付は過去の雇用関係と関連するといえることから，18条の適用対象になると解される。②が過去の雇用関係に関連する年金として18条が適用される典型的なものであり，公的な制度でも私的な制度でもよい。ただし，退職年金に該当する場合でも，それが政府職員としての労務提供に対応するものであり，政府等によって負担されるものであれば政府職員年金として19条2項が適用され，18条の適用対象外となる。

また，雇用関係から生じる一般的な所得である給与所得との区分として，退職年金に該当するためには，就労能力を喪失した労働者（またはその生計を同一にする者[43]）に対する生活保障としての性質を有する給付であることが必要とされている[44]。生活保障としての性質を有するものであれば，年金払いに代えて一時払いで支払われるとしても，退職年金に類する報酬として18条の適用対象となる[45]。この点，生活保障としての性質を有するかどうかは，その支給がなされる仕組みなど，客観的な状況から判断される[46]。そこで，たとえば，就労能力を喪失していない早期退職の労働者に対する退職金や解雇手当金などは，生活保障の意味合いが乏しく，退職年金には該当しないと考えられる。また，退職慰労金について，たとえそれが年金払いされるとしても，それが企業年金のスキームに基づいて支給さ

---

42 Vogel Art.18 3参照。
43 C18-3参照。
44 C18-4，Vogel Art.18 19参照。
45 C18-5参照。
46 C18-6参照。

れるものではなく，個別に随時に支払われるものであるような場合には，それは過去の功績に対して支給されるものであって生活保障としての意味合いが乏しいと考えられ，退職年金には該当せず，一般の給与所得に該当することになると解される。

158　第6章　労務所得（15条～20条）

6 政府職員[47]（19条）

　19条は政府職員（公務員）による労務提供の対価について，その支払を
する国（支払国）が源泉地国として排他的に課税することを認めている。
これは居住地国の課税権を否定する数少ない規定であり，15条ないし18条
に対する特別規定として，これらに優先して適用される。

①　政府職員給与（1項）

(i)　原　則

　政府職員がその職務の対価として受領する給与等（政府職員給与）につ
いては，その支払国に排他的な課税権が認められ，当該職員の居住地国の
課税権は否定される。

　なお，政府職員が第三国の居住者であり，支払国以外の国（典型的には
役務提供地国）が源泉地国として課税する場合，その国と支払国との間で
源泉地国課税が競合する。たとえば，C国の居住者である政府職員XがB
国から政府職員給与を受領する場合，B国が支払国として課税するのみな
らず，その労務提供がA国の国内でなされたことを理由にA国も課税する
とすれば，2つの源泉地国課税が競合することになる。仮にAC条約が適
用されるとしても，政府職員給与の支払国は第三国のB国であり，19条の
適用対象とはならず，15条に基づいてA国の課税が認められる可能性があ
る[48]。他方，AB条約のもとでは，所得の受領者は第三国であるC国の居住

47　政府職員条項に係る解釈上の問題全般について，Pasquale Pistone, Government Services
（Article 19 OECD Model Convention）, Chapter 16 of: Michael Lang, Source versus Residence
（Kluwer Law International, 2008）, pp.283-294参照。

者であることから，1条によるとそもそも租税条約の適用がなく，A国の課税権は制限されない。これにより，A国とB国の源泉地国課税の競合は解消されないことになる。

そこで，19条1項の合理的な解釈として，同項は所得の受領者がいずれの国の居住者であるかを敢えて明示しておらず，いずれかの締約国が支払国である場合には，所得の受領者がいずれの国の居住者であっても（第三国の居住者であっても）当然に適用対象となる（居住地国としての課税権が制限されるのであれば，源泉地国としての課税権も当然否定される）と解すべきである[49]（1条に対する黙示の例外）。このように解すれば，先ほどの例では，AB条約19条1項に基づいてA国の課税権が否定され，源泉地国課税の競合は解消されることになる。

(ii) 例 外

支払国の排他的課税権に対する例外として，政府職員が居住地国の国内で労務提供したものであり，かつ，居住地国の国籍を有している場合（または労務提供前よりその国の居住者であった場合）は，逆に，居住地国に排他的な課税権が認められ，支払国における源泉地国としての課税権は否定される。居住地国の国内で労務提供がなされたことに加えて，その国の国籍を有することなど，居住地国とのつながりが強いことが考慮されたものといえる。典型的には，現地で採用された大使館・領事館の職員などがこれにあたると解される。

48　これに対して，政府職員給与について支払国が第三国の場合は15条が適用されるのではなく，21条1項が適用されると解釈することができれば，A国における課税は認められず，源泉地国課税の競合は生じないことになる。

49　Vogel Art.19 2参照。

② 政府職員年金（2項）

(i) 原 則

政府職員であった者が過去の職務に関連して受領する年金（政府職員年金）についても同様に，その支払国に排他的な課税権が認められる。年金の受領者が第三国の居住者である場合にも当然に適用されると考えられることは同様である。

(ii) 例 外

例外として，年金の受領者が居住地国の国籍を有している場合は，居住地国に排他的な課税権が認められる。

③ 企業活動の例外（3項）

以上を通じた例外として，政府が企業活動を行うものであり，政府職員がその企業活動に従事するものである場合，その職務の対価として受領する所得は政府職員給与等に該当するものであったとしても，その実質は私企業に勤務する者が受領する給与等と同様であることから，これに対して19条は適用されず，その所得の性質に応じて15条その他の規定が適用されることになる。

7 学生等[50] (20条)

Payments which a student or business apprentice who is or was immediately before visiting a Contracting State a resident of the other Contracting State and who is present in the first-mentioned State solely for the purpose of his education or training receives for the purpose of his maintenance, education or training shall not be taxed in that State, provided that such payments arise from sources outside that State.

①専ら教育又は訓練を受けるため一方の締約国（注：滞在地国）内に滞在する②学生又は事業修習者であって，③現に他方の締約国の居住者であるもの又はその滞在の直前に他方の締約国の居住者であったものが④その生計，教育又は訓練のために受け取る給付（⑤当該一方の締約国（注：滞在地国）外から支払われるものに限る。）については，当該一方の締約国（注：滞在地国）においては，租税を課することができない。

学生や実習生が受領する一定の所得については，通常の課税権の分配ルールとは異なる特別のルールが定められている。すなわち，通常のように居住地国と源泉地国との間で課税権を分配するというのではなく，一定

---

50 学生等条項に係る解釈上の問題全般について，Luc De Broe, Students (Article 20 OECD Model Convention), Chapter 17 of: Michael Lang, Source versus Residence (Kluwer Law International, 2008), pp.295-325参照。

162 第6章 労務所得（15条〜20条）

の要件を満たす場合に，学生等が滞在する国（滞在地国）が居住地国であると源泉地国であると問わず，その滞在地国における課税権を否定するものとして機能する。なお，実際の租税条約では，滞在地国における免税の対象者が研究者や大学教授などにも拡張されていることがある。

また，20条は，所得の受領者がいずれの国の居住者でもない場合（滞在地国を訪れる直前に相手国の居住者であったものの，所得を受領する時点ではいずれの国の居住者でもない場合）も敢えて特に排除するものではなく，19条と同様，その要件を満たす限りにおいては，たとえ第三国の居住者であっても当然に適用される（滞在地国が居住地国であっても課税権が否定されるのであれば，居住地国でない場合も当然に課税権が否定される）と解すべきである[51]（1条に対する黙示の例外）。

20条が適用されるための具体的な要件として，①教育または訓練を受ける目的のみでその国（滞在地国）に滞在する，②学生または実習生であり，③現に相手国の居住者であるか，あるいは滞在地国を訪れる直前に相手国の居住者であった者（現在いずれの国の居住者であるかは問わない）に対する，④その生計，教育，訓練のための給付については，⑤それが滞在地国の国内で生じるものでない限り，滞在地国における課税が免除される。

これらの要件のうち，①の要件については，学生が就学の時間外に就労することで給与等を得る場合，教育を受ける目的のみで滞在することにはならないと解する余地もあり得るものの，それが補助的な生計の手段にとどまるものであれば，教育を受ける目的に付随するものとして許容されるものと解される[52]。そこで，そのような給与等を得ている場合であっても，生計，教育，訓練のために支払われる給付（典型的には奨学金）については，20条の適用が認められる。これに対して，そのような給与等そのものについては，④の要件との関連において，直接的には，生計，教育，訓練

51　Vogel Art.20 15参照。
52　Vogel Art.20 18-20参照。

のための給付とはいえないことから，20条の適用対象とはならず，15条（または7条）が適用されることになると解される[53]。

さらに，⑤の要件については，支払者が滞在地国の居住者であるか，あるいは滞在地国の国内に有するPEによって負担される場合に，滞在地国の国内で生じるものとして20条の適用対象外になると解される[54]。

---

53 C20-2.1，Vogel Art.20 26-28参照。
54 C20-2.2参照。

第7章

二重課税の排除
（23条）

166　第7章　二重課税の排除（23条）

1 二重課税排除の構造[1]

1．Where a resident of a Contracting State derives income（…）which may be taxed in the other Contracting State in accordance with the provisions of this Convention（except to the extent that these provisions allow taxation by that other State solely because the income is also income derived by a resident of that State（…））, the first-mentioned State shall ［exempt/allow as a deduction from the tax on the income of that resident, an amount equal to the income tax paid in that other State.］

1　一方の締約国の居住者がこの条約の規定に従って他方の締約国において租税を課される所得を取得（…）する場合（注：租税条約において源泉地国課税が認められる場合）（ただし，当該所得が当該他方の締約国の居住者が取得したものであることのみを理由にこの条約の規定に従って当該他方の締約国において租税を課される所得であるとき[2]を除く。）には，当該一方の締約国（注：居住地国）は，【当該所得について租税を免除する（注：国外所得免除方式）または当該他方の締約国において納付される租税の額と等しい額を当該居住者の所得に対する租税の額から控除する（注：外国税額控除方式）。】

　すでにみたとおり，6条から21条までに定められた課税権の分配ルールには，居住地国のみに課税権を分配するもの（12条，13条5項，18条，21条1項）や源泉地国のみに課税権を分配するもの（19条）など，いずれか

の締約国の排他的課税権を定めるものがある。このような規定については，他の規定の適用を必要とせず，当該規定のみで二重課税の排除という目的が達せられることから，「完結型」の分配ルールということができる。

これに対して，多くの分配ルールは，一定の範囲で源泉地国の課税権を制限し得るものの，課税権そのものは否定せず，居住地国の課税権も否定しない，双方に課税権を分配するものとなっている。このような規定については，源泉地国に（一定の範囲で）一次的な課税権を認めた上で，さらに居住地国にも二次的な課税権を認め，その課税権を完全に否定しない（オープンにしている）ことから，「オープン型」の分配ルールということができる。

このオープン型の分配ルールについては，そのままでは双方の国で課税が認められ，二重課税の排除という目的が達せられない。そこで，23条は，租税条約における二重課税排除のための仕組みとして，適用される所得条項（課税権の分配ルール）のもとで源泉地国において課税が認められる範囲で，居住地国において二重課税を排除することを義務付けている。その方法として，相手国に課税権が認められた所得（相手国の国内源泉所得）について課税所得から除外するという国外所得免除方式[3]（23条Ａ）と相手国において支払われた税額について自国の税額から控除するという外国税額控除方式（23条Ｂ）が定められている[4]。このように，オープン型の分配ルールについては，あわせて23条が適用されることによって二重課税

---

1 Alexander Rust, The New Approach to Qualification Conflicts has its Limits, 57 Bulletin for International Taxation 2 (2003), pp.45-50参照。Vogel Intro 62, 63も参照。

2 これは要するに，ある所得に対する課税が租税条約で認められるものの，それが源泉地国（あるいはPE国）としての立場で認められる課税ではなく，居住地国としての立場でのみ認められる課税である場合をいう。このような場合に23条の適用がないことが2017年のモデル条約改正によって明確化された。具体的な適用場面について，第9章「4　パススルー事業体」参照。

3 国外所得免除方式が採用される場合，配当や利子などの投資所得については，源泉地国において限度税率（あるいは免税）が適用され，課税が相当程度制限されることに加えて，さらに居住地国でも免税とされるとすれば二重課税の排除として過剰となるおそれがある。そこで，このような一定の投資所得に対しては，国外所得免除方式から外国税額控除方式に切り替えて適用すべきことが定められている（23条（Ａ）2項）。

168　第7章　二重課税の排除（23条）

が排除されることになる。

4　実際の租税条約では，モデル条約の文言がそのまま採用されていることは多いとはいえず，各国が独自の方式を定めることや国内法の方式に準拠させていることも多い。

　なお，国外所得免除方式と外国税額控除方式の沿革について論じたものとして，John Avery Jones, Avoiding Double Taxation: Credit versus Exemption – The Origins, 66 Bulletin for International Taxation 2 （2012）, pp.67-76，また，これらの（特に法人間配当をめぐる）傾向について論じたものとして，George Kofler, Indirect Credit versus Exemption: Double Taxation Relief for Intercompany Distributions, 66 Bulletin for International Taxation 2 （2012）, pp.77-89がある。

2 各国で適用条文が異なる場合

(1) 問題の所在

23条に基づいて居住地国が二重課税の排除を義務付けられるのは，適用される所得条項において源泉地国課税が認められる範囲に限られる。ところが，居住地国と源泉地国はそれぞれの立場で租税条約を適用するものであることから，各国で異なる条文が適用される結果，源泉地国課税が認められる範囲に相違が生じる可能性がある。

たとえば，居住地国と源泉地国において，ある事業体の課税上の取扱いが異なり，当該事業体の持分の譲渡につき，これを法人とみる居住地国の立場からは株式の譲渡として13条5項が適用され，源泉地国課税は認められないのに対して，これをパススルー事業体とみる源泉地国の立場からはPE資産の譲渡として13条2項が適用され，源泉地国課税が認められるといった場合があり得る。この場合，居住地国としては，源泉地国課税が認められる範囲で二重課税を排除すればよいので，自国の立場に従って源泉地国課税が認められないことを前提にすれば，二重課税を排除する必要はないことになる。他方で，源泉地国としては，自国の立場に従って源泉地国課税するとすれば，結局，二重課税の問題は解消されないことになる。

また，これとは逆に，居住地国が当該事業体をパススルー事業体とみるとすれば，その立場からは13条2項に基づいて源泉地国課税が認められる一方で，源泉地国がこれを法人とみるとすれば，その立場からは13条5項に基づいて源泉地国課税が認められない場合もあり得る。仮に居住地国が国外所得免除方式を採用する場合，居住地国が自国の立場に従って課税を

170　第7章　二重課税の排除（23条）

免除し，源泉地国も自国の立場に従って課税を免除するとすれば，いずれの国でも課税がなされない二重非課税が生じることになる。

（2）各国の国内法が異なる場合

各国で適用条文が異なる原因として，各国の国内法が異なることが挙げられる。この場合，適切に二重課税が排除され，あるいは二重非課税が生じないようにするための解釈として，居住地国が23条を適用するに当たっては，自国の国内法に従って判断するのではなく，源泉地国の国内法に従って源泉地国課税が認められる範囲を判断すべきものとされている[5]。この解釈は2000年のコメンタリー改正によって示されたものであるが，特定の所得条項に定められた課税権の分配ルールを適用する源泉地国が（3条2項に基づいて文脈に反しない範囲で）自国の国内法に従って当該条項を適用する結果，源泉地国課税が認められる限りは23条の適用要件を満たす（逆に，源泉地国課税が認められない限りは23条の適用要件を満たさない）のであり，居住地国としては自国の国内法が異なることを理由にその適用を否定したり肯定したりすることはできないことを根拠にする[6]。

たとえば，先ほどの例における持分の譲渡については，居住地国は源泉地国の国内法に従って適用される条文を判断した上で，23条に基づいて二重課税の排除が義務付けられるかを判断すべきことになる。そこで，源泉地国の国内法に従えば13条2項が適用されて源泉地国課税が認められるの

5　C23-32.3参照。

6　C23-32.1, 32.2参照。ただし，各国で国内法が異なることで源泉地国課税が認められる範囲に相違が生じることは課税権の分配ルールを定めた租税条約の目的からして望ましいものではないことから，可能な限り「文脈による解釈」が国内法に基づく解釈よりも合理的である（租税条約上の解釈が優先する）と解することが相当であるといえる。Vogel Intro131-138参照。

　　なお，2000年のコメンタリー改正で示された解釈がその改正前に締結された租税条約にも当てはまるかは議論の余地があるが，従前の解釈に反するものとまではいえず，その明確化であると解すれば，これを肯定することができると思われる。これに対して，このような解釈にはモデル条約の文言の改正が必要であるとする見解もある。Frank A. Engelen and Frank P.G. Potgens, Report on "The Application of the OECD Model Tax Convention to Partnerships" and the Interpretation of Tax Treaties, 40 European Taxation 7 (2000), pp.250-269参照。

であれば，居住地国の国内法にかかわらず，居住地国としては23条に基づいて二重課税を排除すべきことになる。逆に，源泉地国の国内法に従えば13条5項が適用されて源泉地国課税が認められないのであれば，居住地国の国内法にかかわらず，居住地国としては23条に基づいて二重課税の排除をする必要はないことになる[7]。なお，居住地国が国内法によっていずれにしても課税をしないこともあり得るが，それはここでの問題とは別である。

このように，23条の適用にあたっては，居住地国が源泉地国の国内法に従って判断すべきと解することにより，国内法の相違による不都合を回避することができる[8]。

（3）各国の事実認定や条文解釈が異なる場合

以上に対して，各国で適用される条文が異なる原因として，各国の国内法に相違があるのではなく，租税条約の適用に当たっての各国の事実認定や条文解釈に相違がある場合があり得る。この場合，居住地国は源泉地国の事実認定や条文解釈に従う必要はなく，自らの事実認定や条文解釈に基

---

7 C23-32.6参照。
8 ただし，この解釈がオープン型の分配ルールにはよく当てはまるとしても，なお完結型の分配ルールが問題となる場合には，不都合を回避することができないことがあり得ると解されている。すなわち，完結型の分配ルールについては，居住地国が23条を適用しなくても，当該規定のみで二重課税が排除されることから，そもそも23条の適用余地はないとも考えられる。それでも，完結型の分配ルールは他の条項（たとえば24条）の適用を排除するまでの効力を持つものではなく，23条の適用も排除されないと解すれば，二重課税が問題となる場合（居住地国の立場からは完結型の分配ルールに基づき居住地国に排他的課税権が認められ，源泉地国の立場からは異なるルールに基づき源泉地国課税が認められる場合）には，やはり居住地国としては23条の適用によって二重課税の排除が義務付けられると考えられる。

これに対して，例外的ではあるが，完結型の分配ルールによる二重非課税が問題となる場合（居住地国の立場からは源泉地国に排他的課税権が認められ，源泉地国の立場からは居住地国に排他的課税権が認められる場合）には，そもそも23条の適用をまたずに居住地国としては課税権が否定されることになるため，23条が適用される余地はなく，二重非課税の問題は解消されないことになる。この問題を避けるためには，実際の租税条約において，源泉地国課税がなされない場合には居住地国課税を制限する規定は適用されないとする特別の定めが必要であると解される。

以上につき，Alexander Rust・前掲注1のほか，Klaus Vogel, Conflicts of Qualification: The Discussion is not Finished, 57 Bulletin for International Taxation 2 (2003), pp.41-44, John F. Avery Jones, Conflicts of Qualification: Comment on Prof. Vogel's and Alexander Rust's Articles, 57 Bulletin for International Taxation 5 (2003), pp.184-186参照。

172　第7章　二重課税の排除（23条）

づいて判断することが認められる[9]。

　たとえば，ある事業体につき，いずれの締約国の国内法によっても当該事業体は法人としてはみられず，パススルー事業体であるとみられる場合，その持分の譲渡が株式の譲渡には該当しないことについて争いはない。ところが，当該事業体が源泉地国の国内にPEを有するかどうかについて異なる事実認定がなされる結果，適用条文が異なる場合があり得る。仮に源泉地国の事実認定によればPEが認められ，13条2項が適用されるものとして源泉地国課税がなされる場合でも，居住地国としては源泉地国の事実認定に従う必要はない。居住地国の事実認定によればPEが認められないのであれば，13条2項は適用されず，13条5項が適用されること（源泉地国課税が認められないこと）を前提に，源泉地国は租税条約に適合した課税をするものではないとして，23条に基づく二重課税の排除は義務付けられないことになる。その結果，二重課税は避けられないことになる。

　このように，各国で事実認定や条文解釈が異なることで二重課税が避けられない場合には，租税条約上では25条に基づいて相互協議[10]（または仲裁）の申立てをすることによって救済を求めることが考えられる。また，国内法上ではいずれかの国の事実認定または条文解釈に誤りがあることを理由に，その国の国内法に基づく争訟手続によって救済を求めることが考えられる。

　これに対して，事実認定や条文解釈の相違によって二重非課税が生じる場合，すなわち，源泉地国の立場からは租税条約に基づいて課税が免除あるいは一定の税率に制限される一方で，国外所得免除方式を採用する居住地国の立場からはそのような制限のない源泉地国課税が認められる場合，23条（A）4項により，居住地国では国外所得免除方式から外国税額控除

9　C23-32.5参照。

10　2017年のモデル条約改正により，権限ある当局が租税条約上の用語の解釈について合意した場合には，その解釈が法的拘束力を有することが定められた（3条2項参照）。

方式に切り替えることが求められる[11]。これにより，ある所得について租税条約の適用によって源泉地国課税が免除あるいは一定の税率に制限される場合には，居住地国としては，当該所得を免除するのではなく，これに課税をした上で税額控除を認めるべきことになる。その結果，二重非課税となる事態は避けられることになる。

なお，これとは区別されるものとして，租税条約の適用によって源泉地国課税が制限されるのではなく，租税条約上は制限のない課税権が認められるものの源泉地国が国内法によって自ら課税をしない場合には，この切替え規定は適用されない[12]。また，居住地国が国内法によっていずれにしても課税をしない場合があり得ることも別の問題である。

11　C 23 – 56. 1 参照。
12　C 23 – 56. 2 参照。

第8章

無差別取扱い
（24条）

1 はじめに[1]

　課税上の差別的な取扱いを禁止した無差別条項は，課税権の分配とは異なる特別のルールを定めたものであり，締約国が一定の基準によって特定の集団を課税上不利に取り扱う国内法の規定を排除する効力を有する[2]。一定の基準として，1項と2項は国籍（無国籍）による差別を禁止し，3項は国内のPEを有する者が非居住者であることによる差別を禁止し，4項は利子や使用料等を受領する者が非居住者であることによる差別を禁止し，5項は事業体の出資者が非居住者であることによる差別を禁止している[3]。ここでの差別は直接的なものに限られ，一定の基準による直接的な差別に該当しなければ，特定の集団を別の基準で実質的に不利に取り扱う間接的な差別（隠れた差別）に該当する場合でも許容されるものと解されている[4]。

　なお，無差別条項は2条に対する例外として，すべての種類の租税に適用される。

1　無差別条項に係る解釈上の問題全般について，Kees van Raad, Issues in the application of tax treaty non-discrimination clauses, 42 Bulletin for International Taxation 8 (1988), pp.347-352, John Avery Jones and Catherine Bobbet, Interpretation of the Non-Discrimination Article of the OECD Model, 62 Bulletin for International Taxation 2 (2008), pp.50-55, Hugh J. Ault and Jacques Sasseville, Taxation and Non-Discrimination: A Reconsideration, 2 World Tax Journal 2 (2010), pp.101-125参照。

2　Vogel Art.24 2参照。

3　Vogel Art.24 6参照。

4　C24-1, Vogel Art.24 5参照。

2 無差別条項

（1）国籍無差別

　1項は，国籍による差別的な取扱いを禁止している。これは1条にかかわらず適用されることが明示的に定められており，いずれかの締約国の国籍を有していれば，仮にいずれの国の居住者でないとしても適用が認められる（1条に対する明示的な例外）。これが適用される場合，同じ状況にある者について，一方は国籍を有しており，他方は国籍を有していないことを理由として，国籍を有していない者を実体面のみならず手続面においても課税上不利に取り扱うことが禁止される[5]。

　ここで重要なのは，同じ状況にあるかどうかであり，他の条件が同じであるにもかかわらず，国籍が違うことのみを理由として異なる取扱いがなされる必要がある。そこで，たとえば，居住者と非居住者では居住地についての条件が異なるものであり，同じ状況にあるとはいえないことから，これらに異なる取扱いをしたとしても，国籍による差別には該当しない。非居住者を居住者よりも不利に取り扱うことは，現実には居住者の多くが国籍を有しており，非居住者の多くが国籍を有していないことから，実質的には国籍による間接的な差別であると認められる余地があるとしても，直接的には国籍の有無で差別するものではないことから，ここでいう国籍による差別には該当しない[6]。

　なお，国籍無差別条項の適用が問題となる者が個人ではなく法人などの

5　C24 – 15, Vogel Art.24 30, 33参照。
6　C24 – 7参照。

178 第8章 無差別取扱い（24条）

事業体である場合の国籍については，3条（g）（ii）に定義がなされており，国内法上の定義にかかわらず，その事業体が設立準拠法とした国の国籍を有するものとされている[7]。

（2）無国籍無差別

2項は，1項が国籍による差別を禁止していることと同様，国籍がないこと（無国籍であること）による差別的な取扱いを禁止している。なお，法人などの事業体の場合は無国籍という状態が観念できないことから，この条項は個人のみに適用される[8]。

（3）PE無差別

3項は，非居住者の国内PEに対する差別的な取扱いを禁止している。すなわち，非居住者が国内に有するPEを通じて事業活動をして稼得する所得について，居住者が同じ事業活動をして稼得する所得と比べて，課税上不利に取扱うことを禁止している。ここでは国籍無差別条項と異なり，実体面での差別（税負担の相違）が問題とされており，手続面での差別については，それが税負担の相違につながるものでない限り，問題とされていない[9]。なお，個人の場合，人的控除などの課税上の特典については，自らの居住地国において認められるべきものといえることから，非居住者に対してこれを認めないとしても無差別条項には違反しないとされている[10]。

税負担が相違する場合とは，典型的には，課税所得や税額の計算方法が居住者と非居住者のPEで異なる場合であり，費用控除，減価償却，損失，譲渡損益など，様々な課税上の取扱いにおいて非居住者のPEを不利に取

7　Vogel Art. 3 84参照。
8　Vogel Art. 24 46参照。
9　C24－34参照。
10　C24－36参照。

② 無差別条項　179

り扱うことが禁止されている[11]。また，適用される税率も非居住者のPEを不利に扱うことが禁止されており，居住者に累進税率が適用されていれば基本的には同様の税率が適用されるべきとされている[12]。

なお，PE無差別条項は非居住者のPEを独立した単独の事業体である居住者と比べて課税上不利に取り扱うかどうかを問題にするのであり，たとえば，PEが子会社であれば利用できたはずのグループ法人税制の適用が認められないとしても同条項には違反しないとされている[13]。

そのほか，PE無差別条項の適用が問題となる場面として，次のようなものが挙げられる。

① 利益分配をする場合の取扱い

居住者である法人が利益分配（配当）をする場合，経済的二重課税を排除するための国内法上の制度として，一定の軽減税率や税額控除などの適用が認められることがある。この点，PEは独立した法人格がなく，その性質上，利益分配をなし得ないものであることから，居住者が利益分配をした場合に適用される制度が非居住者の利益分配に適用されないとしても，同条項に違反しないと解されている[14]。

これに対して，支店と子会社で同等の税負担となることを確保するため

11　C24-40参照。
12　C24-56，Vogel Art.24 67参照。
　　ただし，非居住者には累進税率ではなく一定税率で課税がなされるとしても，それが居住者に適用される税率（PEに帰属する所得に限られず，全世界所得を合算した場合に適用される税率）よりも不利といえない場合には許容される。C24-57参照。
　　また，PE国としては，PEに帰属する所得のみを考慮して累進税率を適用することも可能であり，この場合，PEに帰属しない損失も考慮しないことになる。その結果，居住者に適用される税率よりも高くなったとしても，PE無差別条項には違反しないとされている。C24-58参照。
13　C24-41参照。
14　C24-59参照。
　　これに対して，利益分配をする者に適用される税制（軽減税率など）と当該利益分配を受ける者に適用される税制（税額控除など）を分けた上で，前者については非居住者による利益分配に適用されないとすればPE無差別条項に違反すると解する見解がある。Vogel Art.24 66, 71, 72参照。

180　第8章　無差別取扱い（24条）

に支店が得た利益に対してなされる特別の課税（支店利益税）は，それが支店に対する追加的な課税であると認められれば，同条項に違反するものと解される[15]。

② 利益分配を受ける場合の取扱い

　以上は利益分配をする場合の適用関係であるが，逆に，利益分配を受ける場合の適用関係についても問題となる。具体的には，居住者である法人が配当を受領する場合，国内法における課税上の特典として，一定以上の資本関係を有する法人（子会社）からの配当について課税が免除されることがある（資本参加免税）。この配当免税が非居住者である法人の国内PEにも適用されるべきかが問題となる[16]。

　この点，配当免税が定められる趣旨は，国内における経済的二重課税（子会社からの配当を受領する際の親会社に対する法人税とさらにそれを原資として親会社から配当が支払われる際の株主に対する配当課税の二段階課税）を排除するため，第一段階の課税について免除することにある。この点，租税条約のもとではそもそも外国法人の国内PEに対する実質的な配当課税（第二段階の課税）は禁止されており（10条5項参照），PEに対しては第一段階の課税を免除する合理的な理由はないとも考えられる。しかしながら，国内では第二段階の課税がなされないとしても，外国法人

15　C24−60参照。
　　そもそもPE無差別条項はPEと居住者をそれぞれ単独でみた場合の税負担を比較するものである。この点，内国法人が配当する際に課税がなされ得るが，これはあくまでも株主に対する課税であり，支払をする内国法人そのものが課税されるわけではない。これに対して，支店利益税は，内国法人が配当する場合の税負担との均衡を図るため，支店の利益に課税がなされるものであるが，これが支店に対する課税であるとすれば，まさに非居住者のみに課税がなされるものとして許されないことになる。Vogel Art.24 69参照。
　　これとは異なり，支店利益税が支店に対する追加的な課税ではなく，非居住者が配当を受けるものと擬制し，株主に対する課税に相当するものとして構成される場合には，コメンタリーの考え方からすれば，PE無差別条項には違反しないと解する余地がある。ただし，この場合は10条5項に抵触する可能性があると解される。
16　C24−48参照。なお，コメンタリーは，両方の立場があり得ることを説明するのみで，特定の立場を支持するものではない。

の居住地国（配当所得の源泉地国）で第二段階の課税がなされる可能性があり，その場合に経済的な二重課税が生じることは同様である。そこで，いったん配当免税を採用することで経済的な二重課税を排除するものとした以上，内国法人と外国法人でその適用に差異を設けることは，まさに居住者であるかどうかによる差別的な取扱いにほかならず，実際の租税条約においてこのような場合は無差別条項の適用除外であることを明確にしない限りは，同条項に違反するものと解すべきといえる[17]。

③　源泉徴収

居住者から非居住者の国内PEに配当，利子，使用料が支払われる場合，国内法に基づいて源泉徴収の対象となり得るが，これらはいずれも租税条約上はPE条項が適用される結果，7条の適用対象となるものである[18]。この場合，7条に基づいてPE課税がなされることに問題はないが，居住者間の支払であれば源泉徴収の対象にならないにもかかわらず，非居住者に対する支払であることを理由に源泉徴収の対象になるとすれば，PEに対する差別的な取扱いに該当する可能性がある。

この点，源泉徴収された税額について，申告納税時に税額控除が認められるのであれば，結果としてPEを実体面で不利に取り扱うものではなく，PE無差別条項には違反しないとされる[19]。すなわち，前述のとおり，同条項が問題とするのは結果が不利であるかどうかであり，最終的な税額が同額（あるいは同額以下）になるのであれば，特段問題はないものと考えられる。

これに対して，源泉徴収による課税が分離課税の対象であり，その税額について還付を受けることもできない場合には，非居住者を実体面で不利

17　Vogel Art.24 71, 78参照。

18　C 24 - 62参照。

19　C 24 - 64参照。

182　第8章　無差別取扱い（24条）

に取り扱うものとして同条項に違反することになると解される[20]。

④　外国税額控除

国内法の規定として，居住者が国外で稼得した所得について外国税額控除が認められているのであれば，非居住者の国内PEが国外で稼得した所得についても同様に外国税額控除が認められる必要がある[21]。

⑤　租税条約

PE国が第三国と締結する租税条約について，PEそのものはPE国の居住者ではないことから，同条約が直接適用されることはない。もっとも，第三国との間の租税条約であっても，居住者であれば同条約に基づく恩恵（具体的には，PE国における国外所得免除や外国税額控除）を享受することが認められるのであれば，それと同様のものが国内PEにも認められない限り，やはりPEを不利に扱うものとして，居住地国とPE国との間の租税条約で定められたPE無差別条項に違反すると解されている[22]。

たとえば，三角事例として，A国法人であるXがB国の国内にPEを有しており，C国で生じた投資所得が当該PEに帰属する場合，当該所得に対してC国において源泉地国課税がなされる可能性がある。この場合，租税条約の適用関係はどうなるか。

20　C24-65参照。

21　C24-67参照。

22　Vogel Art.24 73-77参照。OECDも同様の立場をとる。C24-70参照。

なお，これに関連して，PEが居住者であるとした場合，さらに第三国にPEを有すると考えられるとすれば，このような第三国のPEは「サブPE」（sub PE）ともいうことができる。この点，仮にPEが居住者である場合にPE国と第三国との間の租税条約に基づいてサブPEに帰属すると認められる所得についてPE国が免税すべきとされているとすれば，居住地国とPE国との間の租税条約24条3項の適用によってPE国ではサブPEに帰属する所得について課税を免除すべきことになる。もっとも，この点については，PE無差別条項の適用によるまでもなく，7条の解釈として，第三国のPEに利益が帰属する場合には，それ以外の国のPEに所得が帰属することは認められない（サブPEの概念は否定すべき）と解することも可能である。

② 無差別条項

【図表 8-1】PE無差別条項が問題となる三角事例

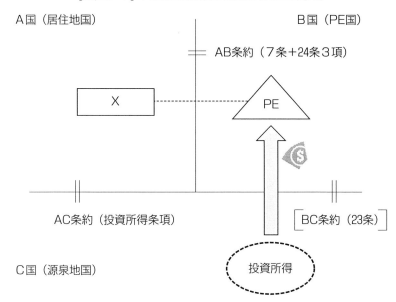

　まず、所得の受領者はＡ国の居住者であることから、適用されるのはＡＢ条約とＡＣ条約である。Ｃ国においては、ＡＣ条約の投資所得条項に基づいて源泉地国課税が制限され得る。問題はＢ国であるが、Ｂ国においては、ＡＢ条約7条に基づいてＰＥ国として課税することが認められる。これに加えて、ＡＢ条約24条3項に基づき、ＸがＢ国の国内に有するＰＥをＢ国法人と同様に取り扱うことが義務付けられる。その結果、仮にＢ国法人が同一の所得を稼得した場合にＢＣ条約の投資所得条項に基づいてＣ国で源泉地国課税が認められ、Ｂ国が23条に基づいてＣ国で課された税額について控除することが義務付けられるのであれば、Ｂ国としては同様の取扱いを国内ＰＥに対しても認めることが必要となる。

　もっとも、その控除が認められる税額は、実際にＣ国で課せられた税額ではなく、仮にＢＣ条約がＰＥに適用された場合にＣ国で源泉地国課税が認められる範囲に限られる。この点、ＡＢ条約のＰＥ無差別条項が適用される

のはＡ国とＢ国においてのみであり，Ｃ国においては，ＸのＢ国内PEを
Ｂ国の居住者と同様に取り扱うことは求められておらず，あくまでもＢ国
の非居住者として取り扱えばよく，BC条約を適用することは義務付けら
れない[23]。したがって，Ｃ国としては，BC条約の投資所得条項によって制
限されることなく，国内法（およびAC条約の投資所得条項）に従ってＸ
がＣ国の国内で稼得した所得に対して源泉地国課税することが認められる。
その税額は仮にBC条約が適用された場合の税額と異なる可能性があるが，
Ｂ国において外国税額控除が認められるのは後者の税額を限度とする。

（4）費用控除無差別

4項は，自国の居住者が相手国の居住者（自国の非居住者）に対して利
子，使用料等を支払う場合に費用控除を認めるかどうかの点で差別的な取
扱いをすることを禁止している。これは費用控除の点で非居住者に対する
支払を不利に取り扱うことで非居住者を間接的に差別することを禁止する
ものである。ただし，その支払が独立企業原則と適合しないものである場
合は適用除外とされている。

この点，非居住者に対する利子の支払のみ費用控除を制限する過少資本
税制が費用控除無差別条項に違反しないかということが問題となる。これ
については，過少資本税制が独立企業原則と適合的である限り，同条項に
違反するものではないと解されている[24]。そこで，独立企業原則と適合的
な取引であるにもかかわらず，非居住者に対する利子の支払についてのみ

---

23 これに対して，関係する国がいずれも欧州連合（EU）加盟国であるとすれば，EU域内で保
障されている「開業の自由」（freedom of establishment）に基づき，各国はPEを法人と同様に
取り扱うことが求められる（CJEU, 21 Sep 1999, Case C-307/97（Saint-Gobain事件））。これに
よると，Ｃ国においても，Ａ国法人のＢ国内PEをＢ国法人と同様に取り扱うことが求められ，
当該PEについてBC条約の適用を認める必要があることになる。したがって，BC条約の投資所
得条項に基づいてＣ国の源泉地国課税は制限されることになる。同時に，所得の受領者はＡ国
法人であることから，AC条約の適用も認められ，AC条約の投資所得条項によってもＣ国の源
泉地国課税は制限されることになる。この場合，Ｘとしては，AC条約とBC条約のうち，より
有利な租税条約の適用を求めることができる。

24 C24-74参照。

　　　　　　　　　　　　　　　　　　　　　　　　　２ 無差別条項 **185**

費用控除が制限される場合には，同条項違反の問題が生じると考えられる。

（5）資本無差別

　５項は，自国の居住者である事業体の資本の全部または一部が直接また
は間接に相手国の居住者（自国の非居住者）によって保有または支配され
ていること（要するに外国資本であること）を理由に，そうではない（内
国資本の）類似事業者と比べて，課税上不利に取り扱うことを禁止してい
る[25]。これも４項と同様に，直接的には居住者に対する差別的な取扱いで
あるが，出資者である非居住者を間接的に差別することを禁止するもので
ある[26]。

　問題になるのは，連結納税や損益通算などのグループ税制の適用を居住
者間のみに限定することが資本無差別条項に違反するのではないかという
ことである。この点については，同条項が対象としているのは，あくまで
も居住者を単独でみた場合に差別的な取扱いをすることであり，グループ
税制はその前提として当該居住者のみならず，その関連者とあわせた課税
上の取扱いを比較することになることから，同条項の射程を超えるもので
あると解されている[27]。

25　ここでは，国籍無差別条項と同様に，実体面のみならず，手続面においても不利に取り扱う
　　ことが禁止されている。ところが，コメンタリーによれば，たとえば，移転価格税制の適用に
　　当たって，外国資本を有する事業者により重い手続上の義務を課すことは資本無差別条項に違
　　反しないとされている。これは税務行政上の必要性に基づくものとして正当化され得るとの考
　　え方によるものと解されるが，同条項の文言には反する。Vogel Art.24 113参照。
26　C 24 - 76参照。
　　なお，コメンタリーでは明確にされていないものの，比較の対象となるのは相手国の居住者
　　が出資する事業者と自国の居住者が出資する事業者であり，第三国の居住者が出資する事業者
　　までを比較の対象とすべきではないと解される。Vogel Art. 24 114参照。
27　C 24 - 77参照。
　　これに対して，グループ税制について一律に適用を否定するのではなく，たとえば，同一の
　　者に支配される国内の事業者間で損益通算を許容するような制度については，その共通の支配
　　者が居住者であっても非居住者であっても同様に適用が認められるべきであり，この場合には
　　資本無差別条項の適用対象になるとする見解がある。Vogel Art.24 113参照。John F. Avery
　　Jones, et al., Art.24 (5) of the OECD Model in Relation to Intra-Group Transfers of Assets
　　and Profits and Losses, 3 World Tax Journal 2 (2011), pp.179-225も参照。

186　第8章　無差別取扱い（24条）

　また，過少資本税制について，同税制が外国資本であることを理由に適用されるとすれば同条項違反の問題が生じ得るものの，非居住者に対する支払であることを理由に適用されるものであれば，それは費用控除無差別条項との関係で問題となり得るのみで，資本無差別条項との関係では問題とならないと解される[28]。

28　この点，OECDの立場では，過少資本税制が一般に外国資本の事業者にのみ適用されるものであることから，資本無差別条項との抵触が問題になるとされている。C24-79参照。
　　しかしながら，実際には，過少資本税制は資本の出資者ではなく利子の支払を受ける者の属性に着目して適用要件が定められていることから，費用控除無差別条項との抵触が問題になるとしても，資本無差別条項との抵触は問題とならないと解される。Vogel Art.24 111, 112参照。

第**9**章

租税条約の適用をめぐる諸問題

1 はじめに

　租税条約は，国際的な二重課税を排除することで国際的な経済活動を促進することを主たる目的として発展してきたものであり，その目的を達するため，締約国の課税権を制限するものとして機能する。これが適切に利用される場合には問題はないが，租税条約が不適切に利用されて必要以上に各国の課税権が制限され，人為的に二重非課税（課税の空白）が創出されるとすれば，それは本来の目的から逸脱する。

　この点，従前より租税条約は二重課税の排除のみならず，脱税や租税回避の防止を図ることも目的とされてきたところである[1]。たとえば，租税条約の適用を受けるための居住者要件を実質的に回避するため，租税条約の適用を受けることのみを目的として中間に居住者を介在させて投資所得を受領させる条約漁りに対しては，受益者要件によって一定の歯止めがなされてきたといえる。

　ところが，米国の多国籍企業を中心として，各国の税制の相違や租税条約を含めた国際課税ルールの間隙を利用する租税回避行為が複雑巧妙化するなかで，従来のルールでは防止することが困難な事態が生じていた。そこで，そのような事態に対処するため，G20／OECDで実施されたのがBEPSプロジェクト[2]である。これは租税回避行為を防止するための各国共通の新たな国際課税ルールを策定しようという取組みであり，そのようなルールには，国内法の改正によって対応するものもあれば，租税条約の改正によって対応するものもある。

1　Ｃ１−54，2017年改正前のＣ１−７参照。

2　http://www.oecd.org/tax/beps（最終訪問日：2017年11月14日）参照。

このようなBEPSプロジェクトの取組みを踏まえてなされたのが2017年のモデル条約改正である[3]。これまでの各章でも，2017年改正について言及してきたところであるが，租税条約の適用に当たって全体的な影響のある部分について，本章でまとめて取り上げることとしたい。

3　なお，モデル条約の改正は将来の租税条約の締結や改正に向けられたものであり，過去に締結された租税条約を直接書き換えるものではない。すでに締結されている租税条約は3000を超えて存在するとされており，実際にこれらの改正がなされるには長い年月を要する。そこで，既存の租税条約の改正をより迅速に実現するため，多数国間租税条約として，「税源浸食及び利益移転（BEPS）を防止するための租税条約関連措置を実施するための多数国間条約」（BEPS防止措置実施条約）が締結されている。ただし，同条約の規定のうち，どの内容がどの範囲で実際の租税条約に適用されるかは各国の選択によって異なることになる。各国の選択についてはOECDによって取りまとめられ，公表がなされる。

190　第9章　租税条約の適用をめぐる諸問題

2 特典を受ける権利（29条）

（1）はじめに

　2017年改正で最も大きな改正のひとつが「特典を受ける権利」（29条）の新設であるといえる。これは条約漁りなどの租税条約の濫用に対抗するための包括的な濫用防止規定である。

　この点，モデル条約では，具体的な濫用防止規定の定め方は選択的であるとされており，①主要目的テスト（Principal Purpose Test, PPT）に基づく特典否認条項（9項）のみを定める，②特典制限条項（Limitation-on-Benefits条項，LOB条項）（1項ないし7項）の詳細版[4]と導管取引に対する否認条項[5]を定める，③PPTとLOB条項（簡易版でもよい）を定める，のいずれかが求められる[6]。

　なお，これらの濫用防止規定のうち，LOB条項については，その要件が厳格であるのに対して，PPTはより柔軟に適用することが可能であることから，実際の租税条約ではPPTのみが定められること（①が選択されること）も多いと考えられる。

（2）特典制限条項（LOB条項）

　特典制限条項は，課税の減免という租税条約上の恩恵（特典）が与えられる者を一定の適格性を有する居住者に限るものである。これにより，租

4　モデル条約の本文では具体的なLOB条項の文言は定められておらず，コメンタリーにおいて「詳細版」と「簡易版」の文言が定められている。C29－6以下参照。
5　具体例につき，C29－187参照。
6　C29－1参照。

税条約の濫用のおそれがある者（中間介在者であることが疑わしい者）に租税条約が適用されることを「機械的に」防止するものとして機能する[7]。

同条項のもとで租税条約の特典が認められるためには，原則として，居住者のうち，一定のリストに限定列挙された者に該当する必要がある[8]。リストには，個人[9]，上場会社である法人[10]，これらの者に50％以上保有される法人[11]などが含まれる。

ただし，これらに該当しない非適格者であっても，例外として，その者が居住地国において能動的な事業を行っており，当該事業から生じる所得，あるいは当該事業に付随して生じる所得を受領するものである場合には，租税条約の濫用には当たらないとして，当該所得について租税条約の特典が認められる[12]。

また，別の例外として，ある法人が受領する所得について，その法人の株主（出資者）の一定割合以上の大多数が同等受益者であると認められる場合も同様に，当該所得について租税条約の特典が認められる[13]。同等受益者とは，自らが所得を直接受領した場合に同等（あるいはそれ以上）の課税上の恩恵を受けることができる者をいう[14]。たとえば，A国法人のXがAB条約によってB国で源泉地国課税の減免を受けようとする場合，Xの株主であるYがC国の居住者であるとして，BC条約のもとでもAB条約と同等の源泉地国課税の減免が受けられるとすれば，Yは同等受益者であると認められることになる。このような同等受益者が株主の大多数である場合，租税条約の適用を受けるために中間者を介在させる必要性は乏しく，租税条約の濫用には当たらないとして，当該所得について租税条約の特典

7　C29-5参照。
8　C29-7参照。
9　C29-13参照。
10　C29-15参照。
11　C29-43参照。
12　C29-68参照。
13　C29-82参照。
14　C29-129参照。

192 第9章 租税条約の適用をめぐる諸問題

が認められる。

　さらに，いずれの例外に該当しない非適格者であっても，個別具体的な事情に基づいて租税条約の濫用には当たらないと認められれば，権限ある当局によって租税条約の適用が認められる余地がある[15]。

（3）特典否認条項（PPT）

> 9．Notwithstanding the other provisions of this Convention, a benefit under this Convention shall not be granted in respect of an item of income or capital if it is reasonable to conclude, having regard to all relevant facts and circumstances, that obtaining that benefit was one of the principal purposes of any arrangement or transaction that resulted directly or indirectly in that benefit, unless it is established that granting that benefit in these circumstances would be in accordance with the object and purpose of the relevant provisions of this Convention.

> 9　この条約の他の規定にかかわらず，すべての関連する事実及び状況を考慮して，①この条約の特典を受けることが当該特典を直接又は間接に得ることとなる仕組み又は取引の主たる目的の一つであったと判断することが妥当である場合には，そのような場合においても②当該特典を与えることがこの条約の関連する規定の目的に適合することが立証されるときを除き，その所得又は財産については，当該特典は，与えられない。

　特典否認条項は，租税条約の濫用であると認められる場合に，その恩恵

15　C29－101参照。

（特典）を与えることを一般的に否認するための規定である。租税条約の濫用であると認められるかどうかは主要目的テスト（PPT）によって判定される。具体的には，①取引等の主たる目的の1つが租税条約の恩恵を享受することであり，かつ，②その恩恵を享受させることが租税条約の規定の目的に反する場合，その恩恵は与えられないとされる。

この点，租税条約の適用によって課税の減免を受けようとすること自体は正当なものであって，それを目的とすることが直ちに濫用であると認められるものでないことは当然である[16]。同条項は租税条約が「誠実な」投資活動を促進するために適用されるべきことを確保するためのものであり[17]，そのような誠実とはいえない「人為的な」取引等に恩恵を与えることが否定されるべきものと考えられる。

そこで，PPTのもとで租税条約の恩恵を享受させることが租税条約の規定の目的に反する場合に該当するのは，租税条約の適用を受けようとする取引等が経済的な実体を伴わない人為的なものである場合，具体的には，その取引等に必要な物的資源（事業所，資産，設備等）や人的資源（役員，従業員等）が伴っていない場合であると解される[18]。そのような経済的な実体が伴わない取引等は人為的なものであり，そのような人為的な取引等に租税条約の恩恵を与えることは租税条約の規定の目的に反すると判断されることになると解される[19]。

16　C1-61参照。

17　C29-174参照。

18　PPTにおいてもEU法における考え方と同様に，経済的な実体の欠如によって濫用であるかどうかを判断すべきことについて，Dennis Weber, The New Common Minimum Anti-Abuse Rule in the Parent-Subsidiary Directive: Background, Impact, Applicability, Purpose and Effect, 44 Intertax 2（2016）, pp.98-129, at p.108参照。
　　この点，EU法における考え方として，本文で述べたような経済的実体が伴わない人為的な取引等が濫用に該当するものとして否認されるべきことについて，Dennis Weber, Abuse of Law in European Tax Law: An Overview and Some Recent Trends in the Direct and Indirect Tax Case Law of the ECJ – Part1・2, 53 European Taxation 6・7（2013）, pp.251-264・pp.313-328参照。

19　具体例につき，C29-182参照。

194 第9章 租税条約の適用をめぐる諸問題

（4） 第三国のPE所得に係る特別条項

　以上のほか，8項は，第三国のPEに帰属する所得に係る特別条項を定めている。いずれかの締約国の居住者が相手国で生じた一定の所得を稼得するものの，その所得が第三国のPEに帰属する場合，その居住地国では当該所得について国外PEに帰属するものとして免税することがあり得る。この場合，第三国において当該所得に対して課される税の負担が著しく低く，さらに加えて源泉地国でも租税条約に基づいて課税の減免が受けられるとすれば，全体としての税負担が著しく軽減され，租税回避行為に利用されるおそれがある[20]。

　そこで，このような場合，源泉地国においては租税条約に基づく課税の制限は適用されず，国内法に基づいて課税すべきことが定められている。ただし，第三国のPEが能動的な事業を行っている場合には例外が認められる。また，権限ある当局が濫用ではないと認めた場合にも租税条約の恩恵を与えることができるとされている。

20　C29-161参照。

3 セービング条項（1条3項）

3. This Convention shall not affect the taxation, by a Contracting State, of its residents except with respect to the benefits granted under paragraph 3 of Article 7, paragraph 2 of Article 9 and Articles 19, 20, 23 [A] [B], 24, 25 and 28.

3　この条約は，第7条第3項，第9条第2項，第19条，第20条，第23条（A）（B），第24条，第25条及び第28条の規定に基づいて認められる特典に関する場合を除くほか，一方の締約国の居住者に対する当該一方の締約国（注：居住地国）の課税に影響を及ぼすものではない。

　すでに述べたとおり，租税条約は，課税権の分配ルール（6条ないし21条）に従って源泉地国課税を一定の範囲に制限した上で，源泉地国課税が認められる範囲で居住地国に二重課税の排除（23条）を義務付けることを基本的な構造とする。このように，租税条約においては，いくつかの限定的な規定を除いては，基本的には居住地国の課税に影響を及ぼすことは想定されていない。ところが，それにもかかわらず，各国によって居住地国課税を制限するような解釈がなされるとすれば，それがひいては二重非課税につながるおそれがある[21]。

　そこで，2017年改正によって1条3項が新設され，租税条約は特定の列

21　C1-17参照。

196　第9章　租税条約の適用をめぐる諸問題

挙された規定を除いて居住地国課税には影響しないことが明確に定められた[22]。このような条項をセービング条項（saving clause）という。

22　C1-18参照。

4 パススルー事業体（1条2項）

> 2．For the purposes of this Convention, income derived by or through an entity or arrangement that is treated as wholly or partly fiscally transparent under the tax law of either Contracting State shall be considered to be income of a resident of a Contracting State but only to the extent that the income is treated, for purposes of taxation by that State, as the income of a resident of that State.

> 2　この協定の適用上，いずれか一方の締約国の租税に関する法令の下において全面的に若しくは部分的に課税上存在しないものとして取り扱われる団体若しくは仕組みによって又はこのような団体若しくは仕組みを通じて取得される所得（注：いずれかの締約国がパススルー事業体として取り扱う事業体が稼得する所得）は，一方の締約国における課税上当該一方の締約国の居住者の所得として取り扱われる限り（注：居住地国課税がなされる限り）において，当該一方の締約国（注：居住地国課税をする国）の居住者の所得とみなす（注：その結果，租税条約の適用が認められることになる）。

(1) 問題の所在

　各国で国内法が異なることで，ある事業体に対する課税上の取扱いが異なることがあり得る（ハイブリッド事業体などといわれる）。すなわち，

198 第9章 租税条約の適用をめぐる諸問題

　国内法によっては，ある事業体を納税義務者として取り扱うこと（これを事業体課税という）もあれば，課税上存在しない事業体（パススルー事業体）として取り扱い，事業体の持分を有する者（構成員）を納税義務者として取り扱うこと（これを構成員課税という）もある。

　典型的には，組合に対する課税として，ある国では組合をパススルー事業体として取り扱い，個々の組合員を所得の受領者とみて構成員課税するのに対して，他の国では組合そのものを所得の受領者とみて事業体課税する場合である。このように課税上の取扱いが異なる場合，実質的には同じ所得であるにもかかわらず，異なる者に対する課税として双方の国で二重に課税がなされる（あるいは逆に双方の国で課税がなされない）可能性がある。

【図表9-1】例1（二重課税の問題）

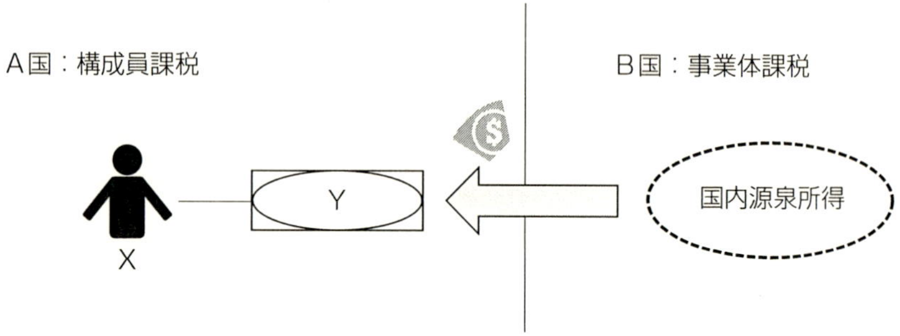

A国：構成員課税　　　　　　　　　　　　　　　B国：事業体課税

X　　　　　　　　　　Y　　　　　　　　　　　　　　国内源泉所得

　例1のように，A国の居住者である構成員XがA国で事業体Yを組成し，B国で生じた所得を受領する場合，A国では構成員課税（Xに対する課税）がなされ，B国では事業体課税（Yに対する課税）がなされるとすれば，当該所得について（異なる者に対して）双方の国が課税をすることになる。この場合，B国からみれば，A国で課税に服しているのはXであり，YはA国で課税に服していないことになる。租税条約上の居住者に該当するためには，その国で課税に服していることが必要である（4条参照）。

そこで，B国において，YはA国の居住者には該当しないとしてAB条約の適用を認めないとすれば，二重課税の問題は解消されないことになる。

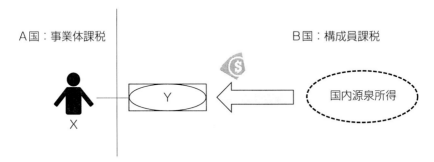

【図表9-2】例2（二重非課税の問題）

例2のように，A国の居住者である構成員XがB国で事業体Yを組成し，B国で生じた所得を受領する場合，A国では事業体課税がなされ，B国では構成員課税がなされるとすれば，逆に双方が課税をしない可能性がある。すなわち，A国からみれば，Yは国外の事業体であり，課税の対象とはならない。そして，B国からみれば，Xは個人としてA国で一般的な課税に服しており，A国の居住者に該当するということになる。そこで，B国において，AB条約の適用を認めるとすれば，A国で課税がなされないことに加えて，B国でも課税が減免される可能性がある。

（2）不都合を回避するためのルール

以上のような不都合を回避するためのルールとして，ある事業体についていずれかの国がパススルー事業体として取り扱い，各国で事業体に対する課税上の取扱いが異なる場合，租税条約の適用を認めるかどうかは，源泉地国において，構成員の居住地国または事業体の所在地国における取扱い（居住地国課税がなされるかどうか）に従うべきものとされている[23]。これにより，事業体を通じて稼得された所得については，構成員の居住地

国または事業体の所在地国で（構成員または事業体に対して）居住地国課税がなされる場合に限り，その所得の受領者はその国の居住者であるとみなして，源泉地国では（自国からみた場合の所得の受領者が誰であるかにかかわらず）租税条約を適用すべきことになる。逆に，居住地国課税がなされない場合には，その所得の受領者はその国の居住者ではないものとして，源泉地国では租税条約の適用を否定すべきことになる。

これによると，例1では，A国でXに対して構成員課税（居住地国課税）がなされる以上，源泉地国であるB国としては，自国の取扱いにかかわらず，A国の取扱いに従い，所得の受領者はA国の居住者であるとみなして，租税条約の適用を認めるべきことになる[24]。また，例2では，A国でXに対して構成員課税（居住地国課税）がなされない以上，B国としては，自国の取扱いにかかわらず，A国の取扱いに従い，所得の受領者はA国の居住者ではないものとして租税条約の適用を否定すべきことになる[25]。

（3）二重課税の排除

各国で国内法が異なることにより，次に問題となるのが二重課税の排除である。

---

[23] このルールを定めた1条2項は，2017年のモデル条約改正によって新設されたものである。もっとも，従前より，同様の解釈が組合に適用されることがOECDの組合報告書（OECD Report: The application of the OECD Model Tax Convention to partnerships）（1999年）で示され，その内容が2017年改正前のコメンタリーに反映されていた（2017年改正前のC1-6.3参照）。さらに，2017年改正後のコメンタリーでは，この組合報告書で示された解釈が組合のみならず事業体一般に適用されることが明らかにされた（C1-2〜4参照）。

なお，このように源泉地国が居住地国の取扱いに従って租税条約を適用すべきことについては，Michael Lang, "The Application of the OECD Model Tax Convention to Partnerships - A Critical Analysis of the Report Prepared by the OECD Committee on fiscal Affairs", (Kluwer Law International, 2000) など，異論があったところであるが，2017年のモデル条約改正によって明確化されたことになる。

[24] 組合報告書（前掲注23）事例4参照。

[25] 組合報告書（前掲注23）事例6参照。

【図表9-3】例3（二重課税の排除）

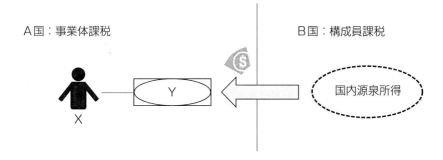

　例3のように，A国の居住者である構成員XがA国において事業体Yを組成し，B国で生じた所得を受領する場合，A国では事業体課税（Yに対する課税）がなされ，B国では構成員課税（Xに対する課税）がなされるとすれば，各国では異なる者に対して課税することになる。そのような場合でも，源泉地国が租税条約において認められる範囲で課税をする限り，居住地国において二重課税の排除が義務付けられるというのが23条の規定である[26]。そこで，B国が（Xに対して）租税条約に適合した課税をする限り，A国では（Yに対して）二重課税の排除が義務付けられることになる。

　さらに，構成員の居住地国と事業体の所在地国が異なる場合，各国が同一の所得について異なる者に対して居住地国課税をすることがあり得る。そのような場合，各国はそれぞれ自国の居住者に対して課税するものであり，たとえ相手国で居住地国課税がなされるとしても，そのような相手国の取扱いに従う必要はなく，各国の居住地国としての課税権は制限されない[27]。問題は，2つの居住地国課税が競合することになる結果，二重課税がどのように排除されるかである。この点については，2017年改正によっ

26　後述のとおり，2つの居住地国課税が競合する場合でも，いずれかの国が源泉地国（あるいはPE国）としての立場で課税が認められる範囲で相手国において二重課税の排除が義務付けられることになる。

27　C1-15, 2017年改正前のC1-6.1, 6.4参照。

て23条の改正がなされたことで明確化されており，いずれかの国が居住地国のみならず源泉地国（あるいはPE国）としての立場でも課税することが認められる範囲で，相手国において二重課税の排除が義務付けられることになる[28]。

【図表9-4】例4（事業体の所住地国で生じた所得）

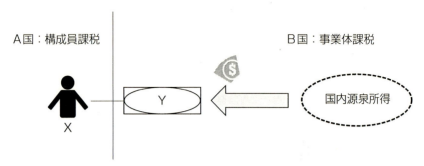

　例4のように，A国の居住者である構成員XがB国において事業体Yを組成し，B国の国内で所得を稼得する場合，A国がXに対して構成員課税をするものであり，B国がYに対して事業体課税をするものであれば，各国は自国の居住者に対して課税するものであり，居住地国課税は制限されない。もっとも，A国においては，B国が源泉地国としての立場でも課税が認められる範囲で，23条に基づいて二重課税を排除すべきことになる。

28　C1-16，C23-11.1，2017年改正前のC23-69.2参照。

【図表9-5】例5（構成員の居住地国で生じた所得）

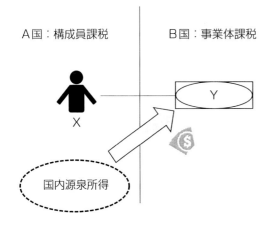

　例5のように，A国の居住者である構成員XがB国において事業体Yを組成し，A国の国内で所得を稼得する場合，A国がXに対して構成員課税をするものであり，B国がYに対して事業体課税をするものであれば，各国は自国の居住者に対して課税するものであり，居住地国課税は制限されない。もっとも，B国においては，A国が源泉地国としての立場でも課税が認められる範囲で，23条に基づいて二重課税を排除すべきことになる。

　さらに，YがB国内にPEを有しており，当該所得が当該PEに帰属するものと認められれば，A国においても，B国がPE国としての立場でも課税が認められる範囲で，23条に基づいて二重課税を排除すべきことになる[29]。これに対して，B国がPE国としての立場では課税が認められない場合には，B国は租税条約に適合する課税をするものの，それは居住地国としての立場でのみ認められる課税であることから，A国においては二重課

29　たとえば，A国の税率が30％，B国の税率が20％であるとして，ともに外国税額控除方式を採用する場合，A国の国内で稼得される所得が100であるとすれば，A国では30，B国では20の課税がなされる。仮にAB条約に基づくとA国で10％の源泉地国課税が認められるとすれば，B国では10の税額について控除すべきことになる。そうすると，B国がPE国として課税が認められるべき税額は10（20－10）となり，これについてA国で控除すべきことになる。結果として，A国では20（30－10）の課税がなされ，B国では10の課税がなされることになる。

税の排除は義務付けられないことになる[30]。

(4) 三国間事例

さらに複雑な事例として，構成員の居住地国，事業体の所在地国，所得の源泉地国が異なる三国間事例がある。そのような場合でも，基本的には，以上でみたルールに従って租税条約の適用関係を判断することになる。

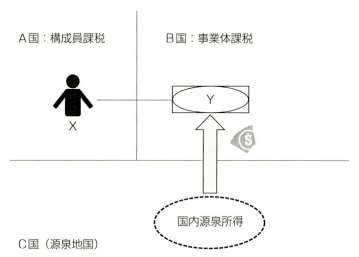

【図表9-6】例6（租税条約の二重適用）

例6のように，A国の居住者である構成員XがB国で事業体Yを組成し，C国で生じた所得を受領する場合，A国で構成員課税がなされ，B国で事業体課税がなされるとすれば，源泉地国であるC国における租税条約の適用関係はどうなるか。この場合，C国としては，居住地国課税をするA国とB国のいずれの取扱いにも従う必要があり，自国における取扱いにかかわらず，いずれの国の居住者とも認めてAC条約とBC条約の双方を適用す

---

30 2017年改正によって23条の改正がなされ，この点が明確化された。第7章注2参照。

ることが求められる[31]。納税者としては，より有利な（Ｃ国の課税権をより制限する）租税条約の適用を求めることができる。ただし，Ａ国とＢ国における居住地国課税の競合は解消されない可能性がある。

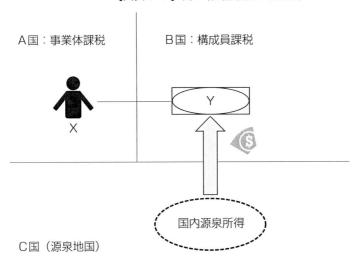

【図表9-7】例7（租税条約の不適用）

例7のように，Ａ国の居住者である構成員ＸがＢ国で事業体Ｙを組成し，Ｃ国で生じた所得を受領する場合，Ａ国で事業体課税がなされ，Ｂ国で構成員課税がなされるとすれば，源泉地国であるＣ国における租税条約の適用関係はどうなるか。この場合，Ａ国でもＢ国でも居住地国課税がなされないことから，Ｃ国としては，いずれの国の居住者でもないとして，ＡＣ条約とＢＣ条約の双方について適用を否定すべきことになる[32]。

---

31 組合報告書（前掲注23）事例9，2017年改正前のＣ１－6.5参照。
32 組合報告書（前掲注23）事例3，7，2017年改正前のＣ１－6.5参照。

第**10**章

租税条約の活用

208 第10章 租税条約の活用

1 はじめに

　すでに述べたとおり，租税条約は締約国の課税権を制限するものであり，これを創設するものではない。このことから，租税条約の適用に当たっては，まずは関係する国の国内法に基づく課税関係をみた上で，租税条約の適用について検討することになる。国内法に基づいて課税関係が生じない場合には租税条約を適用する実益はないことになる。これに対して，少なくと1つの国で課税関係が生じる場合，たとえ二重課税が生じていないとしても，租税条約の適用によって課税の減免を受けられる可能性があり，その適用について検討する実益はある。さらに，複数の国で課税関係が生じる場合，つまり二重課税が生じている場合には，租税条約の適用によって二重課税の排除を求めることがより重要となる。

　租税条約の適用を検討する上では，まずはどの租税条約の適用があるかを検討する必要がある。特に三角事例など，事例が複雑である場合，その検討が重要となる。次に，問題となる所得について，どの条文が適用されるかという所得区分について検討する必要がある。その際，条文相互間の優先関係を踏まえて，いずれの条文が適用されるかを判断する。その上で，条文が定める適用要件をすべて満たすものであるかを検討する。さらに，租税条約によっては，特典を受けるための権利として，追加で適用要件を定めている場合があるので，その検討も必要となる。すべてを検討して条文の適用がある場合に，その条文で定められた内容に応じて各国の課税権が制限され，課税の減免を受けることができる。

　なお，租税条約がどのように国内法に適用され，どのような手続によって実際に課税の減免を受けることができるかについては，各国の国内法に

よって異なる[1]。手続的要件として，たとえば，源泉地国において源泉徴収の減免を受けるためには，租税条約の適用のための申請書にあわせて居住地国が発行した居住者証明書（Certificate of Residence）の提出が求められることが多いといえる。また，所得を受領する時点で課税の減免を受けられるのか，いったん国内法上の税率で課税がなされた上で還付を受けることができるのかについても各国で異なることになる。

1　Vogel Intro 43-46参照。

210　第10章　租税条約の活用

2　租税条約の活用にあたっての留意点

　国際的な経済活動に伴って，一般に，①事業所得，②投資所得，③譲渡収益が国外で生じることの多い所得であり，租税条約の適用を受ける機会が多いものであると解される。そこで，以下では，これらの所得について，租税条約を活用するに当たっての留意点を述べる。

①　事業所得

　国外において事業活動を展開する際には，(i)子会社を設ける場合，(ii)支店を設ける場合，(iii)子会社や支店などの拠点を設けない場合，などがあり得る。このうち，(i)子会社を設ける場合，その子会社は設立された国の居住者になることが通常であり，子会社が稼得した事業所得についてはその国が居住地国として課税をすることになる。租税条約も特段これを否定するものではない。ただし，子会社が親会社の本国で実質的に経営される場合，その国内法によっては，子会社も親会社と同じ国の居住者として取り扱われ，二重居住者に該当する可能性がある。この場合，租税条約上の振分けルールの適用が問題となる。

　また，(ii)支店を設ける場合，その所在地における国内法上，支店を通じて稼得される事業所得に対しては，その国が源泉地国として課税をすることが一般である。さらに，国内法によっては，支店を通じて稼得されたものに限らず，その国で生じる所得がすべて課税の対象とされることがあり得る。これに対して，租税条約では，PEに帰属する所得に限って源泉地国課税が認められている。そこで，支店を通じて稼得された所得以外の所得については，租税条約の適用によって課税の免除を受けることができる。

さらに，(ⅲ)子会社や支店などの拠点を設けない場合，国内法によっては，拠点がないにもかかわらず，その国の国内で稼得された事業所得に対して，一定の要件で課税がなされることがある。事業所得については，各国の国内法において，租税条約とは異なる要件で課税を認めていることが一般であり，その課税の範囲は租税条約より広くなっていることも多い。これに対して，租税条約では，「PEなければ課税なし」が原則であり，たとえ国内法上で異なる要件が定められているとしても，租税条約上のPEが認められない場合には，租税条約の適用によって事業所得に対する課税は免除されることになる。

具体例として，国外において特に拠点を有することなく役務提供を行って事業所得を稼得する場合，国内法によっては，自国の国内で役務提供がなされることを理由に課税の対象とされることがあり得る。これに対して，租税条約では，事業所得に対する課税が認められるためには，その国の国内にPEが認められる必要がある。この点，モデル条約では，このような場合にPEは認められていないが，実際の租税条約では，役務PEが定められている可能性がある。その場合，役務PEの要件について検討することが必要になる。その要件を満たさない場合，あるいはそもそも実際の租税条約でも役務PEが定められていない場合には，租税条約の適用によって事業所得に対する課税は免除されることになる。

②　投資所得

国外において投資活動を展開する際には，配当，利子，使用料等の投資所得が国外で生じることになる。これに源泉地国課税がなされるとすれば，それだけ投資に対するリターンであるキャッシュフローが減少することになる。また，企業グループが国際的にグループ間取引をする場合も，配当，利子，使用料等の支払が生じることがあり，これに源泉地国課税がなされるとすれば，グループ内の取引であるにもかかわらず，それが国境を越え

ることで追加的な税負担が生じることになる。これらの場合，租税条約の適用によって源泉地国課税の減免を受けることが重要になる。

この点，投資所得を受領する者の居住地国が一般に国外所得免除方式を採用するものである場合，租税条約の適用によって源泉地国課税の減免を受けられるとすれば，それはそのままキャッシュフローの向上につながることになる。また，居住地国が投資所得について外国税額控除方式を採用する場合でも，特定の所得については国外所得免除が認められていることもある。たとえば，一定の資本関係を有する子会社からの配当については免税とする国も多く，その場合，租税条約の適用によって源泉地国課税の減免を受けられるとすれば，子会社から親会社に対してなされる配当についての追加的な税負担を軽減させることが可能となる。

さらに，より一般に，居住地国が外国税額控除方式を採用する場合でも，源泉地国において課された税額がすべて控除されるとは限らず，源泉地国課税の減免を受けることは重要となる。特に，投資所得に対する源泉地国課税については，支払総額に対する源泉徴収としてなされることが通常であり，その表面的な税率が低い場合でも，その実質的な税率は高くなる場合も多い[2]。そこで，外国税額控除が認められるとしても限度超過額が生じる可能性が高くなり，そのような場合，租税条約の適用によって源泉地国課税の減免を受けることで過重な税負担を軽減させることが可能となる。

なお，多国籍企業の場合，本国の親会社が直接各国の子会社の株式を保有するのではなく，地域統括会社などの持株会社を通じて保有することも多いといえる。その場合，持株会社においては，子会社の株式を保有するのみならず，子会社に対する資金の貸付け，知的財産等の（サブ）ライセンスの付与などを行い，その対価として，配当，利子，使用料等の所得を

2　たとえば，支払総額100の所得に係る源泉徴収税率が15％であるとすれば，その源泉徴収税額は15である。ところが，当該所得に対応する費用が70あるとすれば，本来の課税所得は30であり，これに対する税額が15ということであれば，その実質的な税率は50％ということになる。

受領することがあり得る。そこで，そのような持株会社については，その居住地国が有する租税条約のネットワークを活用して，子会社の所在地国における源泉地国課税の減免を受けることが重要になるといえる。

③ 譲渡収益

国外で子会社や合弁会社を設立する場合，将来，その株式や出資持分を譲渡することで譲渡収益（キャピタルゲイン）が得られる可能性がある。また，国際的なM&A（企業買収）の法的手段として，株式の取得がなされることも多いといえるが，この場合も同様に，将来において，そのように取得した株式を譲渡することで譲渡収益が得られることもある。これらの場合，子会社等が所在する国の国内法によっては，譲渡されたのが自国の法人であることを理由に，譲渡収益に対して源泉地国として課税がなされることがあり得る。これに対して，租税条約では，株式の譲渡収益については，居住地国における排他的な課税権が認められていることが多い。そこで，租税条約の適用によって源泉地国課税が免除されるとすれば，株式譲渡からのキャッシュフローを向上させることが可能となる。

以上のとおり，租税条約を活用することで，源泉地国における課税の減免を受けることができ，キャッシュフローを向上させることが可能となる。ただし，租税条約の適用を否認されないように留意しなければならず，そのためには，課税の減免を受けることが租税条約の規定の目的に合致するものであることが必要である。このことは，特典を受ける権利として特典否認条項（PPT）が実際の租税条約において定められている場合はもちろん，そうでない場合であっても同様である。課税の減免を受けることが租税条約の規定の目的に反する場合，国内法上の租税回避否認規定によって否認される可能性もある[3]。

したがって，ある取引等について租税条約を活用しようとする際には，

214 第10章 租税条約の活用

その取引等が正当な目的に基づいてなされるものであり，かつ，経済的な実体を伴うものであること，すなわち，その取引等に必要な物的資源（事業所，資産，設備等）や人的資源（役員，従業員等）を適切に有することが重要であるといえる。

3　Ｃ1－66参照。

【著者紹介】

木村 浩之（きむら　ひろゆき）

2005年　東京大学法学部卒業
2009年　国税庁（国家公務員一種）退官
2010年　弁護士登録
2016年　ライデン国際租税センター修了（国際租税法上級LL.M.）
　　　　ビューレン法律事務所（デン・ハーグ／アムステルダム）に勤務
2017年　KPMGシンガポールに勤務
2020年　一橋大学法学研究科非常勤講師（担当科目：国際租税法）
現　在　弁護士法人 淀屋橋・山上合同　パートナー弁護士
　　　　日本税法学会理事
　　　　国際租税協会（International Fiscal Association）会員

＜主要著書・論文＞

「インバウンドビジネス法務Q&A」（共著・中央経済社・2024年）
「対話でわかる租税「法律家」入門」（共著・中央経済社・2024年）
「対話でわかる国際租税判例」（編著・中央経済社・2022年）
「新版　基礎から学ぶ相続法」（清文社・2022年）
「中小企業のための予防法務ハンドブック」（共著・中央経済社・2021年）
「源泉置換規定についての一考察」税法学579号（2018年）
"An Analysis of the Rules on the Taxation of Investment Income under Japan's Tax Treaties", Bulletin for International Taxation Volume 71, No 3/4 (2017)

租税条約入門—条文の読み方から適用まで

2017年12月30日　第1版第1刷発行
2025年2月20日　第1版第5刷発行

著　者　木　村　浩　之
発行者　山　本　　　継
発行所　㈱中　央　経　済　社
発売元　㈱中央経済グループ
　　　　パブリッシング

〒101-0051　東京都千代田区神田神保町1-35
電話　03 (3293) 3371（編集代表）
　　　03 (3293) 3381（営業代表）
https://www.chuokeizai.co.jp

© 2017
Printed in Japan

印刷・製本／㈱デジタルパブリッシングサービス

＊頁の「欠落」や「順序違い」などがありましたらお取り替えいた
しますので発売元までご送付ください。（送料小社負担）
ISBN978-4-502-24661-6　C3034

JCOPY〈出版者著作権管理機構委託出版物〉本書を無断で複写複製（コピー）することは，
著作権法上の例外を除き，禁じられています。本書をコピーされる場合は事前に出版者著
作権管理機構（JCOPY）の許諾を受けてください。
　JCOPY〈https://www.jcopy.or.jp　eメール：info@jcopy.or.jp〉

●実務・受験に愛用されている読みやすく正確な内容のロングセラー！

定評ある税の法規・通達集シリーズ

所得税法規集
日本税理士会連合会 編
中央経済社

❶所得税法 ❷同施行令・同施行規則・同関係告示 ❸租税特別措置法（抄）❹同施行令・同施行規則（抄）❺震災特例法・同施行令・同施行規則（抄）❻復興財源確保法（抄）❼復興特別所得税に関する政令・同省令 ❽災害減免法・同施行令（抄）❾国外送金等調書提出法・同施行令・同施行規則・同関係告示

所得税取扱通達集
日本税理士会連合会 編
中央経済社

❶所得税取扱通達（基本通達／個別通達）❷租税特別措置法関係通達 ❸国外送金等調書提出法関係通達 ❹災害減免法関係通達 ❺震災特例法関係通達 ❻索引

法人税法規集
日本税理士会連合会 編
中央経済社

❶法人税法 ❷同施行令・同施行規則・法人税申告書一覧表 ❸減価償却耐用年数省令 ❹法人税法関係告示 ❺地方法人税法・同施行令・同施行規則 ❻租税特別措置法（抄）❼同施行令・同施行規則・同関係告示 ❽震災特例法・同施行令・同施行規則（抄）❾復興財源確保法（抄）❿復興特別法人税に関する政令・同省令 ⓫租特透明化法・同施行令・同施行規則

法人税取扱通達集
日本税理士会連合会 編
中央経済社

❶法人税取扱通達（基本通達／個別通達）❷租税特別措置法関係通達（法人税編）❸連結納税基本通達 ❹租税特別措置法関係通達（連結納税編）❺減価償却耐用年数省令 ❻機械装置の細目と個別年数 ❼耐用年数の適用等に関する取扱通達 ❽震災特例法関係通達 ❾復興特別法人税関係通達 ❿索引

相続税法規通達集
日本税理士会連合会 編
中央経済社

❶相続税法 ❷同施行令・同施行規則・同関係告示 ❸土地評価審議会令・同省令 ❹相続税法基本通達 ❺財産評価基本通達 ❻相続税法個別通達 ❼租税特別措置法（抄）❽同施行令・同施行規則・同関係告示 ❾租税特別措置法（相続税法の特例）関係通達 ❿震災特例法・同施行令・同施行規則（抄）・同関係告示 ⓫震災特例法関係通達 ⓬災害減免法・同施行令（抄）⓭国外送金等調書提出法・同施行令・同施行規則・同関係通達 ⓮民法

国税通則・徴収・犯則法規集
日本税理士会連合会 編
中央経済社

❶国税通則法 ❷同施行令・同施行規則・同関係告示 ❸同関係通達 ❹租税特別措置法・同施行令・同施行規則 ❺国税徴収法 ❻同施行令・同施行規則 ❼国税犯則取締法・同施行規則 ❽滞調法・同施行令・同施行規則 ❾税理士法・同施行令・同施行規則・同関係告示 ❿電子帳簿保存法・同施行令・同施行規則・同関係告示 ⓫行政手続オンライン化法・同国税関係法令に関する省令・同関係告示 ⓬行政手続法 ⓭行政不服審査法 ⓮行政事件訴訟法（抄）⓯組織的犯罪処罰法（抄）⓰没収保全と滞納処分との調整令 ⓱犯則収益規則令（抄）⓲麻薬特例法（抄）

消費税法規通達集
日本税理士会連合会 編
中央経済社

❶消費税法 ❷同別表第三等に関する法令 ❸同施行令・同施行規則・同関係告示 ❹消費税法基本通達 ❺消費税申告書様式等 ❻消費税法等関係取扱通達等 ❼租税特別措置法（抄）❽同施行令・同施行規則（抄）・同関係通達 ❾消費税転嫁対策法・同ガイドライン ❿震災特例法・同施行令（抄）・同関係告示 ⓫震災特例法関係通達 ⓬税制改正法等 ⓭地方税法（抄）⓮同施行令・同施行規則（抄）⓯所得税・法人税政省令（抄）⓰輸徴法令（抄）⓱関税法令（抄）⓲関税定率法令（抄）

登録免許税・印紙税法規集
日本税理士会連合会 編
中央経済社

❶登録免許税法 ❷同施行令・同施行規則 ❸租税特別措置法・同施行令・同施行規則（抄）❹震災特例法・同施行令・同施行規則（抄）❺印紙税法 ❻同施行令・同施行規則 ❼印紙税法基本通達 ❽租税特別措置法・同施行令・同施行規則（抄）❾印紙税額一覧表 ❿震災特例法・同施行令・同施行規則（抄）⓫震災特例法関係通達等

中央経済社